本丛书属于国家社科基金重大项目
——梵文研究及人才队伍建设

梵汉佛经对勘丛书

梵汉对勘

心经·金刚经

黄宝生 译注

中国社会科学出版社

图书在版编目(CIP)数据

梵汉对勘心经·金刚经/黄宝生译注.—北京：中国社会科学出版社，2021.11（2024.5重印）
（梵汉佛经对勘丛书）
ISBN 978-7-5161-2653-0

Ⅰ.①梵… Ⅱ.①黄… Ⅲ.①大乘—佛经—校勘 Ⅳ.①B942.1

中国版本图书馆CIP数据核字(2021)第216947号

出 版 人 赵剑英
责任编辑 史慕鸿
特约编辑 郑国栋
责任校对 周 昊
责任印制 戴 宽

出 版 中国社会科学出版社
社 址 北京鼓楼西大街甲158号
邮 编 100720
网 址 http://www.csspw.cn
发 行 部 010-84083685
门 市 部 010-84029450
经 销 新华书店及其他书店

印刷装订 北京君升印刷有限公司
版 次 2021年11月第1版
印 次 2024年5月第3次印刷

开 本 710×1000 1/16
印 张 13
插 页 2
字 数 163千字
定 价 88.00元

《梵汉佛经对勘丛书》总序

印度佛教自两汉之际传入中国，译经活动也随之开始。相传摄摩腾和竺法兰所译《四十二章经》是中国的第一部汉译佛经。这样，汉译佛经活动始于东汉，持续至宋代，历时千余年。同样，印度佛教自七世纪传入中国藏族地区，藏译佛经活动始于松赞干布时期，持续至十七世纪，也历时千余年。据赵朴初先生的说法，汉译佛经共有“一千六百九十余部”，而藏译佛经共有“五千九百余种”。[①]中国的佛教译经活动历时之久，译本数量之多，而且以写本和雕版印刷的传承方式保存至今，堪称世界古代文化交流史上的一大奇观。

印度佛教在中国文化土壤中扎下根，长期与中国文化交流融合，已经成为中国传统文化的有机组成部分。就汉文化而言，最终形成的传统文化是以儒家为主干的儒道释文化复合体。汉译佛经和中国古代高僧的佛学著述合称汉文大藏经。它们与儒家典籍和道藏共同成为中华民族的宝贵文化遗产。为了更好地继承和利用文化遗产，我们必须依循时代发展，不断对这些文献资料进行整理和研究。儒家典籍在中国古代文献整理和研究中始终是强项，自不待言。相比之下，佛教典籍自近代以来，学术界重视不够，已经逐渐成为中国古代文献整理和研究中的薄弱环节。

---

① 赵朴初：《佛教常识答问》，上海辞书出版社 2009 年版，第 147、150 页。另据吕澂著《新编汉文大藏经》目录，汉译佛经有一千五百零四部。关于汉译和藏译佛经的数量迄今未有确切的统计数字。

二十世纪五十至七十年代，中国台湾地区编辑的《中华大藏经》是迄今为止汇集经文数量最多的一部汉文大藏经。其后，八九十年代，中国大陆地区也着手编辑《中华大藏经》，已经出版了“正编”。这部大陆版《中华大藏经》（正编）以《赵城金藏》为基础，以另外八种汉文大藏经为校本，在每卷经文后面列出“校勘记”。可惜，这部《中华大藏经》的编辑只完成了一半，也就是它的“续编”还有待时日。这种收集经文完备又附有“校勘记”的新编汉文大藏经能为汉传佛教文献的整理和研究奠定坚实的基础。在此基础上，可以进一步开展标点和注释工作。

与汉文大藏经的总量相比，出自现代中国学者之手的汉文佛经的标点本和注释本数量十分有限。为何这两种《中华大藏经》都采取影印本，而不同时进行标点工作？就是因为标点工作的前期积累太少，目前还没有条件全面进行。而对于中国现代学术来说，古籍整理中的标点和注释工作也是不可或缺的。因此，有计划地对汉文佛经进行标点和注释的工作应该提到日程上来。唯有这项工作有了相当的成果，并在工作实践中造就了一批人才，《中华大藏经》的标点工作才有希望全面展开。

对于佛经标点和注释的人才，素质要求其实是很高的：既要熟谙古代汉语，又要通晓佛学。同时，我们还应该注意到，在汉文大藏经中，汉译佛经的数量占据一多半。而汉译佛经大多译自梵文，因此，从事佛经标点和注释，具备一些梵文知识也是必要的。此外，有一些佛经还保存有梵文原典，那么，采用梵汉对勘的方法必然对这些汉译佛经的标点和注释大有裨益。这就需要通晓梵文的人才参与其中了。

过去国内有些佛教学者认为留存于世的梵文佛经数量很少，对汉文大藏经的校勘能起到的作用有限。而实际情况并非这么简单。自十九世纪以来，西方和印度学者发掘和整理梵文佛经抄本的工作持续至今。当代中国学者也开始重视西藏地区的梵文佛经抄本的发掘和整理。由于这些抄本分散收藏在各个国家和地区，目前没有确切的统计数字。虽然不能说所有的汉译佛经都能找到相应的梵文原典，实际上也不可能做到这样，但其数量仍然十分可观，超乎人们以往的想象。例如，在汉译佛经中占据庞大篇幅的《般若经》，其梵文原典《十万颂般若经》、《二万五千颂般若经》和《八千颂般若经》等均有完整的抄本。又如，印度出版的《梵文佛经丛刊》（Buddhist Sanskrit Texts）收有三十多种梵文佛经校刊本。其中与汉译佛经对应的梵文原典有《神通游戏》（《方广大庄严经》）、《三昧王经》（《月灯三昧经》）、《入楞伽经》、《华严经》、《妙法莲华经》、《十地经》、《金光明经》、《菩萨学集》（《大乘集菩萨学论》）、《入菩提行论》、《中论》、《经庄严论》（《大乘庄严经论》）、《根本说一切有部毗奈耶》、《阿弥陀经》、《庄严宝王经》、《护国菩萨经》、《稻秆经》、《悲华经》、《撰集百缘经》、《佛所行赞》、《如来秘密经》（《一切如来金刚三业最上秘密大教王经》）和《文殊师利根本仪轨经》等。此外，诸如《金刚经》、《维摩诘经》、《阿毗达磨俱舍论》、《因明入正理论》和《辩中边论》等这样一些重要的汉译佛经也都已经有梵文校刊本。因此，对于梵汉佛经对勘在汉文佛教文献整理和研究中的学术价值不可低估，相反，应该予以高度重视。

其实，梵汉佛经对勘不仅有助于汉文佛教文献的整理，也有助于梵文佛经抄本的整理。梵文佛经抄本整理的主要成果是编订校刊本。因为梵文佛经抄本在传抄过程中，必定会产生或多或少的文字脱误或变异。这需要依据多种抄本进行校勘，确定正确的或可取的读法，加以订正。除了利用同一佛经的多种梵文抄本进行校勘外，还可以利用同一佛经的平行译本进行对勘。尤其是在有的梵文佛经只有一个抄本的情况下，利用平行译本进行对勘就显得更为重要。正是这个原因，长期以来，西方、印度和日本学者在编订梵文佛经校刊本时，都十分重视利用梵文佛经的汉译本和藏译本。但对于西方学者来说，掌握古代汉语比较困难，因此，从发展趋势看，他们越来越倚重藏译本。相比之下，日本学者在利用汉译本方面做得更好。

近一百多年来，国际佛教学术界已经出版了不少梵文佛经校刊本，同时也出版了完整的巴利文三藏校刊本。这些校刊本为佛教研究提供了方便。学者们依据这些校刊本从事翻译和各种专题研究。在此基础上，撰写了大量的印度佛教论著和多种印度佛教史。如果没有这些校刊本，这些学术成果的产生是不可设想的。这从这些著作中引用的梵文佛经校刊本及其现代语言（英语、法语或日语）译本资料便可见出。同时，我们也应该注意到，有些重要佛经缺乏梵文原典，西方学者还依据汉译佛经转译成西方文字，如英译《佛所行赞》（梵文原典缺失后半）、《胜鬘师子吼一乘大方便方广经》，德译和英译《维摩诘经》（译于梵文原典发现前），法译《成唯识论》、《大智度论》、《摄大乘论》、《那先比丘经》，等等。又鉴于印度古代缺少历史文献，他们也先后将法显的《佛国记》、玄奘的《大唐西域记》、慧立和彦悰的《大慈恩寺三藏法师传》、义净的《大唐西域求法高僧传》和《南海寄归内法传》译成英文或法文。这些都说明国际佛教学术界对汉文佛教文献的高度重视。只是限于通晓古代汉语的佛教学者终究不多，他们对汉文佛教文献的利用还远不充分。

而中国学术界直至二十世纪上半叶，才注意到国际上利用梵文佛经原典研究佛教的“新潮流”。引进这种“新潮流”，利用梵文佛经原典研究与佛教相关的中国古代文献的先驱者是陈寅恪、汤用彤、季羡林和吕澂等先生。然而，当时国内缺少梵文人才，后继乏人。时光荏苒，到了近二三十年，才渐渐出现转机。因为国内已有一批青年学子在学习梵文后，有志于利用梵文从事佛教研究。这条研究道路在中国具有开拓性，研究者必定会备尝艰辛，但只要有锲而不舍的精神，前景是充满希望的。

利用梵文从事佛教研究的方法和途径多种多样，研究者完全可以依据自己的学术兴趣和专长选择研究领域。而梵汉佛经对勘研究应该是其中的一个重要选项。这项研究的学术价值至少体现在以下几个方面：

一、有助于读解汉译佛经。现代读者读解汉译佛经的难度既表现在义理上，也表现在语言上。佛教义理体现印度古代思维方式。尤其是大乘佛教的中观和唯识，更是体现印度古代哲学思辨方式。它们有别于中国传统的理论思维形态。而汉译佛经的语言对于现代读者，不仅有古今汉语的隔阂，还有佛经汉译受梵文影响而产生不同程度的变异，更增添一层读解难度。然而，通过梵汉佛经对勘，则可以针对汉译佛经中义理和语言两方面的读解难点，用现代汉语予以疏通和阐释。

二、有助于读解梵文佛经。佛教于十二世纪在印度本土消亡，佛经抄本大量散失，佛教学术也随之中断。近代以来，随着国际印度学的兴起，学者们重视发掘佛经原典，先后在尼泊尔和克什米尔等地，尤其是在中国西藏地区发现了数量可观的梵文佛经抄本。这样，印度佛教文献研究成了一门“新兴学科”。由于佛教学术在印度本土已经中断数百年之久，对于印度或西方学者来说，梵文佛经的读解也是印度古代文献研究中的一个难点。这与汉文佛教文献在现代中国古代文献研究中的情况类似。仅以梵文词典为例，著名的M.威廉斯的《梵英词典》和 V. S.阿伯代的《实用梵英词典》基本上都没有收入佛教词汇。因此，才会有后来出现的F.埃杰顿的《佛教混合梵语语法和词典》和荻原云来的《梵和大辞典》。尤其是《梵和大辞典》，充分利用了梵汉佛经对勘的成果。

现存的所有梵文佛经抄本都会存在或多或少的文字错乱或讹误，已经编订出版的校刊本也未必都能彻底予以纠正。校刊本质量的高低既取决于校刊者本人的学术造诣，也取决于所掌握抄本的数量和质量。同时，佛教梵语受方言俗语影响，在词汇、惯用语和句法上与古典梵语存在一些差异，以及经文中对一些义理的深邃思辨，都会形成梵文佛经读解中的难点。而梵汉佛经对勘能为扫除梵文佛经中的种种文字障碍，提供另一条有效途径。毫无疑问，在利用汉译佛经资料方面，中国学者具有得天独厚的优势。如果我们能在梵汉佛经对勘研究方面多做一些工作，也是对国际佛教学术作出应有的贡献。

三、有助于佛教汉语研究。现在国内汉语学界已经基本达成一个共识，即认为佛经汉语是中国古代汉语中的一个特殊类型。有的学者仿照“佛教混合梵语”（Buddhist Hybrid Sanskrit）的称谓，将它命名为“佛教混合汉语”。而时下比较简便的称谓则是“佛教汉语”。梵文佛经使用的语言在总体上属于通俗梵语，这是由佛教的口头传承方式决定的。而这种通俗梵语中含有佛教的种种特定词语，也夹杂有俗语语法成分，尤其是在经文的偈颂部分，因此，明显有别于传统的梵语。同样，汉译佛经受梵文佛经影响，主要采用白话文体，较多采用口语用词。同时，在构词、词义、语法和句式上也受梵文影响，语言形态发生一些变异，有别于传统的汉语。这些特殊的语言现象需要汉语学者认真研究和诠释。近二三十年中，佛教汉语研究已成为一门“显学”。日本学者辛嶋静志和中国学者朱庆之是这个领域中的代表人物。

尽管国内佛教汉语研究已经取得了不少成绩，但研究队伍中存在一个明显的缺陷，也就是通晓梵语的学者很少。如果通晓梵语，直接运用梵汉佛经对勘研究的方法，就会方便得多，避免一些不必要的暗中摸索和无端臆测。辛嶋静志能在这个领域中取得大家公认的学术成就，是与他具备多方面的语言和知识学养分不开的，尤其是直接运用梵汉佛经对勘研究的方法。这是值得国内从事佛教汉语研究的年青一代学者效仿的。希望在不久的将来，中国学者能在大量的梵汉佛经对勘研究的基础上，编出佛教汉语语法和词典。这样，不仅拓展和充实了中国汉语史，也能为现代学者阅读和研究汉文佛经提供方便实用的语言工具书。

四、有助于中国佛经翻译史研究。中国无论在古代或现代，都无愧为世界上的“翻译大国”。在浩瀚的汉文大藏经中，不仅保存有大量的汉译佛经，也保存有许多佛经翻译史料。现代学者经常依据这些史料撰写佛经翻译史论。但是，佛经翻译史研究若要进一步深入的话，也有赖于梵汉佛经对勘研究的展开。因为佛经翻译史中的一些重要论题，诸如佛经原文的文体和风格，翻译的方法和技巧，译文的质量，只有通过具体的梵汉佛经对勘研究，才会有比较切实的体认。在这样的基础上撰写佛经翻译史论，就能更加准确地把握和运用古代史料，并提供更多的实例，增添更多的新意。

鉴于上述学术理念，我们决定编辑出版《梵汉佛经对勘丛书》，由国内有志于从事梵汉佛经对勘的学者分工协作完成。这是一个长期计划，完成一部，出版一部，不追求一时的速度和数量。每部对勘著作的内容主要是提供梵文佛经的现代汉语今译，对梵文佛经和古代汉译进行对勘，作出注释。

其中，梵文佛经原文选用现已出版的校刊本。若有两个或两个以上校刊本，则选定一个校刊本作为底本，其他的校刊本用作参考。若有其他未经校勘的抄本，也可用作参考。而如果对勘者通晓藏文，也可将藏译本用作参考。当然，我们的主要任务是进行梵汉佛经对勘，而不是编订校刊本。因为编订校刊本是一项专门的工作，需要独立进行。编订校刊本的本意是为研究提供方便。前人已经编订出版的校刊本我们不应该“束之高阁”，而应该充分加以利用。在学术研究中，凡事不可能，也无必要从头做起，否则，就可能永远在原地踏步。正因为前人已经编订出版了不少梵文佛经校刊本，我们今天才有可能编辑出版《梵汉佛经对勘丛书》。而且，我们的梵汉佛经对勘研究也能在一定程度上起到改善前人校勘成果的作用。这也是我们对勘成果的一个组成部分。

梵汉佛经对勘的版面格式是将梵文佛经原文按照自然段落排列，依次附上相应段落的现代汉语今译和古代汉译。古代汉译若有多种译本，则选取其中在古代最通行和最接近现存梵本的译本一至两种，其他译本可依据对勘需要用作参考。现代汉语今译指依据梵文佛经原文提供的新译。为何要提供现代汉语今译呢？因为这样便于同行们检验或核实对勘者对原文的读解是否正确。如果读解本身有误或出现偏差，势必会影响对勘的学术价值。另外，国内利用汉译佛经从事相关研究的学者大多不通晓梵文，或者只是掌握一些梵文基础知识，尚未达到读解原典的程度。那么，我们提供的现代汉语今译可以供他们参考，为他们的研究助一臂之力。

实际上，现代汉语今译本身也是对勘成果的重要体现。因为梵文佛经原文中的一些疑点或难点往往可以通过对勘加以解决。如果有的疑点或难点一时解决不了，我们可以暂不译出，或者提供参考译文，并在注释中注明。确实，如果我们能正确读解梵文佛经原文，并提供比较准确的现代汉语今译，便会对古代汉译佛经中一些文字晦涩或意义难解之处产生豁然开朗的感觉。通过梵汉佛经对勘，帮助读解梵文佛经和汉译佛经，这正是我们的工作目的。

对勘注释主要包括这几个方面：

一、订正梵文佛经校刊本和汉译佛经中的文字讹误或提供可能的合理读法。

二、指出梵文佛经与汉译佛经的文字差异之处。

三、指出汉译佛经中的误译之处。

四、疏通汉译佛经中的文字晦涩之处。

五、诠释梵文佛经和汉译佛经中的一些特殊词语。

由于我们已经提供了现代汉语今译，也就不需要逐句作出对勘说明，而可以依据实际需要，有重点和有选择地进行对勘注释。

同时，利用这次梵汉佛经对勘的机会，我们也对古代汉译佛经进行标点。梵文和古代汉语一样，没有现代形式的标点。但梵文在散文文体中，用符号 । 表示一句结束，॥ 表示一个段落结束；在诗体中，用符号 । 表示半颂结束，॥ 表示一颂结束。这样，参考梵文佛经，尤其是依靠读通句义，便有助于汉译佛经的标点。但古代汉语的行文毕竟具有自身的特点，不可能完全依据梵文原文进行标点。我们的标点也只是提供一个初步的样本，留待以后听取批评意见，加以完善。

以上是对《梵汉佛经对勘丛书》的基本学术设想。在实际工作中，对勘者可以根据自己的学术专长，在某些方面有所侧重。我们的共同宗旨是对中国古代佛教文献的整理和研究作出各自的创造性贡献。

千里之行，始于足下。不管前面的道路怎样艰难曲折，让我们现在就起步，登上征途吧！

黄宝生

2010年5月12日

目　录

导 言

一

印度佛教从早期佛教经由部派佛教发展成大乘佛教，兴起于公元前后一世纪。大乘佛教自称为大乘，而将此前的早期佛教和其他各种佛教派别统称为小乘。它针对小乘追求“出世间”，以个人获得阿罗汉果位和达到涅槃为目标，而强调“世间和出世间不二”，提倡发菩提心，成为菩萨，通过实行“六波罗蜜”获得佛性，并以普度众生为最高目标。它在小乘提出的“人无我”的基础上，进一步提出“法无我”，即“诸法性空”。它确认十方三世有无数佛，并提出佛有三身即法身、受用身和化身。其中的“法身”是法性，即空性。

伴随大乘佛教兴起而最早出现的大乘佛经主要是般若经。所谓“般若经”既是般若波罗蜜多经的简称，也是各种般若波罗蜜多经的总称。由于这些般若经重点阐述“诸法性空”，般若经的思想也可以简称为“般若空论”。

佛教传入中国正是在印度大乘佛教兴起时期，因此般若经自然也成为中国早期佛经翻译中的重点。从后汉至魏晋南北朝，般若经的翻译持续不断。唐朝玄奘译出的《大般若波罗蜜多经》则是般若经的集大成者，分为十六会，也就是包含十六部般若经。

这里可以比照现存梵语般若经抄本了解古代汉译般若经的情况：

《十万颂般若波罗蜜多经》（Śatasāhasrikā Prajñāpāramitā），相当于

玄奘译《大般若波罗蜜多经》初会。

《两万五千颂般若波罗蜜多经》（Pañcaviṃśatisāhasrikā Prajñāpāramitā），相当于玄奘译《大般若波罗蜜多经》第二会以及此前西晋无罗叉译《放光般若经》、竺法护译《光赞般若经》和后秦鸠摩罗什译《摩诃般若波罗蜜经》。

《八千颂般若波罗蜜多经》（Aṣṭasāhasrikā Prajñāpāramitā），相当于玄奘译《大般若波罗蜜多经》第四会以及此前后汉支娄迦谶译《道行般若经》、吴支谦译《大明度无极经》、后秦鸠摩罗什译《小品般若波罗蜜经》和苻秦昙摩蜱共竺佛念译《摩诃般若钞经》。

《两千五百颂般若波罗蜜多经》（Sārdhadvisāhasrikā Prajñāpāramitā）或称《善勇猛菩萨问经》（Suvikrāntavikrāmiparipṛcchā），相当于玄奘译《大般若波罗蜜多经》第十六会。

《七百颂般若波罗蜜多经》（Saptaśatikā Prajñāpāramitā）或称《文殊师利菩萨品》（Mañjuśrīparivarta），相当于玄奘译《大般若波罗蜜多经》第七会《曼殊室利分》以及此前梁曼陀罗仙译《文殊师利所说摩诃般若波罗蜜经》和僧伽婆罗译《文殊师利所说般若波罗蜜经》。

《三百颂般若波罗蜜多经》（Triśatikā Prajñāpāramitā）或称《金刚能断》（Vajracchedikā），相当于玄奘译《大般若波罗蜜多经》第九会《能断金刚分》以及此前的后秦鸠摩罗什译、陈真谛译、北魏菩提流志译、隋笈多译和唐义净译《金刚般若波罗蜜经》。

《一百五十颂般若波罗蜜多经》（Abhyardhaśatikā Prajñāpāramitā）或称《理趣》（Naya），相当于玄奘译《大般若波罗蜜多经》第十会《般若理趣分》。

《般若波罗蜜多心经》（Prajñāpāramitāhṛdayam）有鸠摩罗什和玄

奘等多种译本。

从以上比照我们至少可以了解以下三点：一、现存汉译般若经远远多于现存梵语般若经抄本。二、玄奘译《大般若波罗蜜多经》中的前四会内容基本相同，只是文字详略不同，同时玄奘译本与此前的相应译本也存在文字详略不同的情况。这些说明印度古代佛经传承采取以口耳相传为主，抄本为辅的方式，故而文本处在流动之中，造成文本之间出现差异。就佛经汉译而言，也需要考虑到译者的翻译理念或方法的不同，而造成译文或繁或简的差异。三、在汉译各种般若经中，译本最多和流传最广的是《般若波罗蜜多心经》(简称《心经》)和《金刚般若波罗蜜经》(简称《金刚经》)。其原因不仅由于《心经》短小精悍，《金刚经》篇幅也不长，便于诵读和记诵，也由于通晓这两部般若经，能基本掌握般若经的要义或精髓。

二

《心经》是各种般若经中篇幅最短的一部，现存梵本有大本和小本两种。按照大乘佛经的体例，通常每部佛经分为序分、正宗分和流通分。《心经》大本和小本的区别在于小本略去序分和流通分，只有正宗分。至于大本和小本的产生先后也难以确证，只是现存汉译《心经》，鸠摩罗什译本（以下简称什译）和玄奘译本属于小本，出现在前，而其他依据大本的汉译出现在后，故而有可能小本先于大本产生。

在各种汉译《心经》中，无论小本或大本，自唐迄今最为流行的是奘译《心经》。奘译和什译的差别主要是什译比奘译多出两句：一句是“色空故无恼坏相，受空故无受相，想空故无知相，行空故无作相，识空故无觉相”。另一句是“是空法非过去，非未来，非现在”。除此之外，两者的译文几乎完全一致。

在古代汉译《心经》中，还有几种小本梵本音译本。其中最早出现的是《唐梵翻对字音般若波罗蜜多心经》和《梵本般若波罗蜜多心经》。前者标注“玄奘亲教授梵本，不空润色”（也有写本写为“不润色”），后者标注“不空译”。从这些小本梵本的音译可以看出与奘译《心经》一致。由此，难免引起现代学者怀疑什译本多出的这两句是否为什译擅自添加。

实际上《心经》是大型般若经的撮要或摘句。这里可以从什译《摩诃般若波罗蜜经》中摘录一些与小本《心经》相关的段落和语句：“色空故无恼坏相，受空故无受相，想空故无知相，行空故无作相，识空故无觉相。何以故？舍利弗！色不异空，空不异色。色即是空，空即是色。受、想、行、识亦如是。舍利弗！是诸法空相，不生不灭，不垢不净，不增不减。是空法非过去，非未来，非现在。是故，空中无色，无受、想、行、识，无眼、耳、鼻、舌、身、意，无色、声、香、味、触、法，无眼界，乃至无意识界。亦无无明，亦无无明尽，乃至亦无老死，亦无老死尽，无苦、集、灭、道，亦无智，亦无得。”（卷一《习应品第三》）“舍利弗！佛无所有，不可得；萨婆若法无所有，不可得；一切种智无所有，不可得，内空乃至无法有法空故。舍利弗！若菩萨摩诃萨如是思惟如是观时，心不没，不悔，不惊，不畏，不怖。当知如是菩萨不离般若波罗蜜行。”（卷三《集散品》第九）“般若波罗蜜是大明咒，无上明咒，无等等明咒。何以故？憍尸迦！过去诸佛因是明咒故，得阿耨多罗三藐三菩提；未来世诸佛、今十方诸佛亦因是明咒得阿耨多罗三藐三菩提。”“若有善男子、善女人受持般若波罗蜜，

乃至正忆念，终不中毒死，兵刃不伤，水火不害，乃至四百四病所不能中，除其宿命业报。”（卷九《述成品》第三十三）

以上摘录的这些段落或语句几乎囊括了小本《心经》的全部内容，只是小本《心经》的文字更加浓缩和凝练而已。什译《心经》比奘译《心经》多出的两句也见于其中。正因为如此，也有学者推测什译《心经》是鸠摩罗什编写的，而非有独立的梵语原本。然而，奘译《心经》有梵语音译本，说明梵语原本确实存在。同时，隋代《众经目录》中记载有佚名译《摩诃般若波罗蜜神咒经》一卷（或称《般若波罗蜜神咒经》一卷），唐代《大唐内典录》卷第二、《开元释教录》卷第二和《贞元新定释教目录》卷第三均记载有现已失传的支谦译《摩诃般若波罗蜜咒经》一卷（或称《般若波罗蜜咒经》一卷），而什译《心经》的名称为《摩诃般若波罗蜜大明咒经》，故而支谦译本也有可能与什译同本，而且早于什译。因此，什译《心经》比奘译《心经》多出两句，很有可能是什译依据的梵本原本就比后来奘译依据的梵本多出这两句。[①]

这里可以顺便论及佛经辨伪问题。在中国佛教研究史上，《大乘起信论》的真伪争议最大，历时最久，如今似乎普遍倾向认为署名真谛译的《大乘起信论》并非印度佛教原典。然而，《大乘起信论》还有唐实叉难陀的译本。现存实叉难陀译本前有《新译大乘起信论序》，其中记载说：“此本即于阗三藏法师实叉难陀赍梵文至此，又于西京慈恩塔内获旧梵本，与义学沙门荆州弘景、崇福、法藏等以大周圣历三年岁次癸亥十月壬午朔八日己丑于授记寺与华严经相次而译。沙门复礼笔受，开为两卷。然于旧译时有出没，盖译者之意，又梵文非一也。”这

① 方广锠编纂《般若心经译注集成》的前言中也论及《心经》真伪这个问题，可参阅。

说明《大乘起信论》当时存在梵本，并非是中国僧人撰写的论著。上面提到《心经》有梵语音译本，说明存在梵语原文。退一步说，即使鸠摩罗什所译《心经》是依据《摩诃般若波罗蜜经》摘编而成，也不能由此称其为伪经，正如现存中国最早的一部汉译佛经《四十二章经》也是摘编阿含经而成，并不能由此称其为伪经。《心经》存在小本和大本。《阿弥陀经》的玄奘译本文字明显多于鸠摩罗什译本，据此也可将《阿弥陀经》分为小本和大本。前面提到汉译多种般若经的情况也是如此。因为佛经以口耳相传的方式传承，其间出现文字增减和篇幅繁简，或者出现摘编或扩编，纯属正常现象，只要没有掺入非佛教内容，不存在所谓孰真孰伪的问题。而且，佛教经历早期佛教、部派佛教和大乘佛教，教义始终处在变化发展中。实际上，从巴利语三藏佛经、部派佛经至大乘佛经都是采取教内集体认同而成立，这一点在佛经辨伪中是需要特别注意的。

据方广锠编纂的《般若心经译注集成》（上海古籍出版社 1994 年版），现存小本《心经》的音译本共有四种。除了上述两种外，还有辽慈贤的《梵本般若波罗蜜多心经》和宋佚名的《梵语心经》。这四种音译本基本一致，只是互相之间译音存在某些差异。我这次进行梵汉《心经》对勘，收入了前三种音译本，与梵语原本进行比对，作出注释，供读者参考。其中的《唐梵翻对字音般若波罗蜜多心经》尤为重要，因为它在夹注中标出汉译。而依据这些夹注判断，现存这个写本的汉译标注存在不少问题，表明标注者并不通晓梵语。如果这个音译本确系玄奘“亲教授”，那么，现存这些汉译标注必定是晚出的，已经在传抄过程中出现种种变异。

至于大本《心经》的古代汉译，据《般若心经译注集成》现存有五种：唐法月译《普遍智藏般若波罗蜜多心经》、唐般若共利言等译《般若波罗蜜多心经》、唐法成译《般若波罗蜜多心经》、唐智慧轮译《般若波罗蜜多心经》和宋施护译《佛说圣佛母般若波罗蜜多心经》。这五种译本中的正宗分，基本上都是沿用奘译，只存在个别词语的差异。至于序分和流通分，般若共利言等、法成、智慧轮和施护四种译本基本一致，而法月译本与其他四个译本有较大差异，即序分的文字多出许多，而流通分的文字缺失不少。

我这次进行梵汉《心经》对勘，汉译本就利用上述这些译本。其中，小本《心经》的鸠摩罗什译本和玄奘译本采用《中华大藏经》第八册的文本，三种小本《心经》音译本和五种大本《心经》汉译本采用方广锠编纂的《般若心经译注集成》中的文本。小本和大本《心经》的梵语原本采用孔泽（E. Conze）编订本（Prajñāpāramitāhṛdaya，Journal of the Royal Asiatic Society，1948，London）。

下面主要依据梵语原本和玄奘译本对《心经》做一些解释。首先解释经名 Prajñāpāramitāhṛdaya（《般若波罗蜜多心经》）。其中的“波罗蜜多”是 pāramitā 的音译。这个梵语词源自巴利语，因此被收入埃杰顿的《佛教混合梵语词典》。在巴利语中，pāramī（音译“波罗蜜”）的词义是至高、完美或圆满。如觉音（Buddhaghoṣa）的《佛因缘记》（Nidānakathā）中讲述佛陀在前生修行十波罗蜜，即布施（dāna）、持戒（sīla）、出离（nekkhamma）、智慧（paññā）、精进（viriya）、忍辱（khanti）、真谛（sacca）、决意（adhiṭṭāna）、慈（metta）和舍（upekhā），使用的都是 pāramī 这个词，也就是圆满完成布施等十种修行。同时，巴利语中也有 pāramitā 这个词，即 pāramī 加上表示性质或状态的抽象名词后缀 tā，变成 pāramitā，词义与 pāramī 相同。

大乘佛教中也有十波罗蜜，具体所指有所变化，即布施（dāna）、持戒（śīla）、忍辱（kṣānti）、精进（vīrya）、禅定（dhyāna）、智慧（prajñā）、方便（upāya）、愿（praṇidhāna）、力（bala）和智（jñāna），使用的都是 pāramitā 这个词。而大乘尤其突出前面的六种波罗蜜，因此大乘佛经中，凡提及波罗蜜，通常是指前面的六种波罗蜜。pāramitā 的音译是"波罗蜜多"，而经常略称为"波罗蜜"。同时，大乘对 pāramitā 这个词提出另一种解释，也就是将 pāramitā 拆解为 pāram 和 itā，其中 pāram 的词义为彼岸，itā（即动词 i 的过去分词）的词义为前往或到达，由此形成"到彼岸"的词义，即到达涅槃彼岸。

"般若"是 prajñā 的音译，词义为智慧。而大乘认为智慧波罗蜜中的智慧不同于一般智慧，而是深奥的或超常的智慧，觉知"第一义谛"（即"真谛"）的最高智慧或根本智慧，因此常常采用音译"般若"，以示区别。宋代法云编纂的《翻译名义集》中，提到"唐奘法师明五种不翻：一、秘密故不翻，陀罗尼是；二、多含故不翻，如薄伽梵含六义故；三、此无故不翻，如阎净树；四、顺古故不翻，如阿耨菩提实可翻之，但摩腾已来存梵音故；五、生善故不翻，如般若尊重，智慧轻浅，令人生敬，是故不翻"。虽然这段玄奘论"五种不翻"的引语不明出处，但也符合古代佛经翻译实际。

这里顺便提及，《翻译名义集》前有宋代居士周敦义的序，其中也提及玄奘论"五种不翻"，文字与法云稍有不同。国内学者常引用周敦义序中的这"五种不翻"。其中第二种"不翻"，周敦义写为"含多义故，如薄伽梵具六义"。而有些学者将"薄伽梵具六义"标点为"薄伽，梵具六义"，显然有误。其实，《翻译名义集》中就有对"薄伽梵"具有六种含义的解释："《佛地论》曰：薄伽梵声，依六义转：一自在，二炽盛，三端严，四名称，五吉祥，六尊贵。颂曰：自在炽盛与端严，名称吉祥与尊贵，如是六德义圆满，是故彰名薄伽梵。”

这样，按照大乘对“波罗蜜多”的理解，“般若波罗蜜多”意谓修行智慧而达到彼岸，即越过生死轮回苦海，达到涅槃彼岸。

“心”的原词 hṛdaya，词义为心，即心脏。这个词不同于汉译佛经中另一个译为“心”（即表示思想或意识）的梵语 citta 一词。因此，这里的“心”表示“般若波罗蜜多”的核心。

对于这个经名，在古代的一些《心经》注疏中，由于注疏者不通晓梵语，常常产生误解或歧解。例如，不知道其中的“蜜”这个音是 pāram（“彼岸”）的尾音 m 和 itā（“到”）的初音 i 连声而读为 mi（“蜜”），而将“波罗”解释为“彼岸”，将“蜜”或“蜜多”解释为“到”。又如，不知道 tā 是抽象名词后缀或 itā 是过去分词形式，因而不明白“波罗蜜”是“波罗蜜多”的略称，而将“多”解释为“大乘总名”，或将“多心”解释为《般若波罗蜜多心经》的“简称”或“别称”。[①]

这个经名奘译《般若波罗蜜多心经》，而什译《摩诃般若波罗蜜大明咒经》，因为《心经》中将“般若波罗蜜”称为“大明咒”。前面提到有失传的支谦译《摩诃般若波罗蜜咒经》，因此，是否什译依据的原本经名就是如此，难以断定。五种大本《心经》的汉译，其中三种译名均为《般若波罗蜜多心经》，而法月译为《普遍智藏般若波罗蜜多心经》，施护译为《佛说圣佛母般若波罗蜜多经》。法月添加的“普遍智藏”和施护添加的“圣佛母”都是表示对般若波罗蜜多的崇敬。“普遍

① 参阅方广锠编纂《般若心经译注集成》中收录的多种《心经》注疏。至于这些误解对后世产生的影响，这里可以举出一例：《西游记》第十九回中，浮屠山鸟巢禅师对玄奘说道：“路途虽远，终须有到之日，却只是魔瘴难消。我有《多心经》一卷，凡五十四句，共计二百七十字。若遇魔瘴之处，但念此经，自无伤害。”

智藏”意谓充满一切智慧的宝藏，“圣佛母”意谓般若波罗蜜多是一切佛之母。

《心经》开头一句是“观自在菩萨行深般若波罗蜜多时，照见五蕴皆空，度一切苦厄”。其中，“行深般若波罗蜜多”指修行深邃或深奥的般若波罗蜜多。什译《摩诃般若波罗蜜经》卷十七《深奥品》第五十七中提到般若波罗蜜的深奥义：“深奥处者，空是其义。无相、无作、无起、无生、无染、寂灭、离、如、法性、实际、涅槃，如是等法是为深奥义。”其中的“离”指“出离”，“如”指“真如”。这些指称深奥义的用语都是般若波罗蜜多的基本概念。

“五蕴皆空”按原文是“五蕴自性皆空”。“五蕴”指色、受、想、行和识。小乘佛教以“五蕴皆空”说明“人无我”，即人由五蕴因缘和合而成，而五蕴处在刹那生灭中，因而人并无“我”这个实体。而大乘佛教进而认为“法无我”，即五蕴也是“自性皆空”。①

“度一切苦厄”不见于原文，而什译有这一句。究竟是什译依据的原文有这一句，或者是什译添加，难以确定。如果是什译添加，奘译则是沿袭这一句，可能认为这一句符合本经原意，因为本经末尾也提到“能除一切苦厄”。

接下去论述“诸法空相”（按原文是“诸法空性相”）。既然诸法性空，也就“不生不灭，不垢不净，不增不减”。同样因为诸法性空，也就“空中无色，无受、想、行、识，无眼、耳、鼻、舌、身、意，无色、声、香、味、触、法，无眼界，乃至无意识界。”这里除了五蕴，还囊括“十八界”，即六根：眼、耳、鼻、舌、身和意，六境：色、声、香、味、触和法，六识：眼识、耳识、鼻识、舌识、身识和意识。换

---

① 这些术语的具体内涵在对勘注释中均有说明，为避免重复，这里不一一说明（下同）。

言之，世上的一切物质和精神存在“自性皆空”，均无独立存在的实体。

由于诸法性空，也就“无无明，亦无无明尽，乃至无老死，亦无老死尽，无苦、集、灭、道，无智，亦无得”。这是首先提及由无明至老死的“十二缘起”。佛陀最初在菩提树下修禅得道，觉知“十二缘起”，即人生一切皆苦，而苦的根源是“无明”（即无知），因此只要灭除无明，就能依次灭除其他缘起，直至灭除老死。大乘认为诸法性空，因而“十二缘起”同样性空而无实体。

由于无十二缘起，也就“无苦、集、灭、道”。“苦、集、灭、道”是佛陀教导的“四圣谛”，其中，苦谛、集谛和灭谛相当于十二缘起说，而道谛是灭除十二缘起的修行方法。“无智”中的“智”，原词是 jñāna，指各种知识、智力或意识，相当于一般的智慧，而非是 prajñā，即音译为“般若”的智慧。

由于以上所述一切法皆空，也就“无得”。前面引用什译《摩诃般若波罗蜜经》卷三《集散品》第九中提到“佛无所有，不可得；萨婆若法无所有，不可得；一切种智无所有，不可得，内空乃至无法有法空故”。其中的“萨婆若”是 sarvajña（“一切智”）的音译。此外，在卷七《十无品》第二十五中又充分阐释“不可得”，强调一切法“毕竟不生”而不可得，可参阅。

“以无所得故，菩提萨埵依般若波罗蜜多故，心无罣碍。无罣碍故，无有恐怖，远离颠倒梦想，究竟涅槃。”由于觉知“无所得”，则摆脱“我执”和“法执”，因此，菩萨依靠般若波罗蜜多，“心无罣碍”。“罣碍”的原词是 āvaraṇa，词义为障碍，主要指烦恼，因为烦恼阻碍或遮蔽智慧。摆脱了“我执”和“法执”，也就无有烦恼，无有恐怖，远离颠倒梦想，最终达到涅槃。

“三世诸佛依般若波罗蜜多故，得阿耨多罗三藐三菩提。”过去、未来和现在三世十方的无数佛都是这样依靠般若波罗蜜多，而达到至高、正确和完全的觉悟。

由此，得出结论：“般若波罗蜜多是大神咒，是大明咒，是无上咒，是无等等咒，能除一切苦，真实不虚。”这里是将“般若波罗蜜多”称为至高无上的大神咒和大明咒，具有消除灾厄、排除烦恼和破除障碍而证得阿耨三藐三菩提的神秘威力。什译《摩诃般若波罗蜜经》卷九《大明品》第三十二专门称颂“般若波罗蜜是大明咒，是无上明咒”，具有诸如此类神秘威力。因此，所谓“大神咒”或“大明咒”并非单指这部《心经》，而是指“般若波罗蜜”，或者可以说是指所有的般若经。

最后，《心经》以念诵一段咒语结束。正如前面提到玄奘论“五种不翻”，第一种是“秘密故不翻，陀罗尼是”。“陀罗尼”（dhāraṇī）也就是咒语。而《心经》中使用的咒语一词是 mantra（音译“满怛罗”）。因此，这段咒语什译和奘译以及五种大本《心经》汉译全都采取音译。

在《般若心经译注集成》收录的《心经》注疏中，大多也是对这段咒语不作解释，少数作出解释者往往不合原意，而唐圆测撰《佛说般若波罗蜜多心经赞》对这段咒语的解释大体符合原意。他解释“揭谛，揭谛，此云度度”，“显般若有大功能，自度度他”；又解释“波罗等句（指‘波罗揭谛，波罗僧揭谛’）此云彼岸到，是即涅槃名彼岸也”。而他解释“娑婆诃此云速疾”，由此解释“菩提，娑婆诃”为“由妙慧有胜功用，即能速疾到菩提岸”。其实，“娑婆诃”（svāhā）是一个呼告词，即向菩提表示敬意的呼告词，本身并无“速疾”的意思。然而，由于认为咒语具有神秘威力，产生这样的引申义，也未尝不可。因此，圆测将“娑婆诃”解释为“速疾”，得到后世不少《心经》注疏者的认同和采纳。

三

《金刚经》有多种梵语原文编订本，如缪勒（M. Müller）编订本（1881）、帕吉特（E. F. Pargiter）编订本（1916）、遮迦罗沃尔提（N. P. Chakravarti）编订本（1956）、孔泽（E. Conze）编订本（1957）、杜德（N. Dutt）编订本（1959）和维迪耶（P. L. Vaidya）编订本（1961）等。我这次进行梵汉《金刚经》对勘，梵语原本采用孔泽编订本（Vajracchedikā Prajñāpāramitā，Roma，1974）。

《金刚经》汉译现存七种：后秦鸠摩罗什译（简称什译）《金刚般若波罗蜜经》、元魏菩提流支译（简称菩译）《金刚般若波罗蜜经》、元魏留支译（简称留译）《金刚般若波罗蜜多经》、陈真谛译（简称谛译）《金刚般若波罗蜜多经》、隋笈多译（简称笈译）《金刚能断般若波罗蜜经》、唐玄奘译（简称奘译）《能断金刚般若波罗蜜多经》和唐义净译（简称义译）《佛说能断金刚般若波罗蜜多经》。我将这七个译本都纳入对勘中，采用《中华大藏经》第八册中的文本。

这里首先要对菩译和留译作些说明。《中华大藏经》中收录的菩译，校勘记所附元朝“普宁藏”后记中说：“金刚般若前后六翻，按开元录此第二译思溪经本竟失其传，误将陈朝真谛三藏重出标作魏朝留支所译，大有径庭。今于留支三藏所翻论中录出经本，刊版流通，庶期披阅知其源矣。”确实，菩译也见于菩提流支译《金刚般若波罗蜜经论》（《中华大藏经》第二十七册），可以说，菩译是从这部经论中摘出的。而从译文看，菩译基本沿用什译，只是其中文字略有变动，并对什译中删略处适当予以补足。在《中华大藏经》中，留译是作为菩译的“别本”收入的，也就是说，留支是菩提流支（Bodhiruci）的另一译名菩提留支的略称。然而，留译译文与谛译类同。同时，《中华大藏经》收录的谛译后记中说：“（真谛）法师不乖本愿，受三请而默然，录此旧经，甚有脱误，即于壬午年五月一日重翻，天竺定文依婆薮论释。法师善解方言，无劳度语，瞩彼玄文，宣此奥说，对偕宗法师法虔等并共笔受，至九月二十五日文义都竟，经本一卷，文义十卷。”鉴于留支年代在真谛之前，故而留支这个译本可疑，有可能是古代传抄过程中出现某种差池，将这个译本题署为留支译。

比照梵语原本，这些汉译中，什译最为简约。虽然什译所据梵本也可能略有不同，但综观所有这些汉译，可以说自鸠摩罗什至义净，《金刚经》的梵本已经基本定型。什译简约主要取决于鸠摩罗什的翻译风格，从什译《阿弥陀经》、《维摩诘所说经》和《妙法莲华经》等与同本异译对比，都能证明这一点。与什译形成鲜明对照，奘译最为严谨完备，而且略有文字增饰，这同样取决于玄奘的翻译风格。

笈译则完全按照梵语原文的词序直译，而汉语词汇无法显示梵语词汇原有的语法形态，由此造成阅读困难。同时，梵语原文中的一些指示代词或关系代词，笈译也用“此”、“彼”之类代词译出，同样不能显示这些代词原有的语法形态，也增加阅读困难。笈多即达摩笈多（Dharmagupta）的略称。实际上，达摩笈多译有众多佛经，如《摄大乘论释》、《菩提资粮论》、《药师如来本愿经》和《起世因本经》等，并不使用这种译经方法。因此，有可能是达摩笈多有意为之，让读者了解梵语原文的原样。或者，也有可能是作为翻译初稿，以此为基础，再转换成通顺的汉语。

至于谛译和义译在文字表述上均有不同程度的简化，而这也是佛经汉译中带有普遍性的倾向。然而，由于什译最先译出，文字简约流畅，符合汉地读者阅读习惯，同时此后的汉译也证明什译所译经文内容和精神与梵语原本一致，故而成为自古迄今最流通的《金刚经》译本。

《金刚经》的经名梵语原文是 Vajracchedikā Prajñāpāramitā，即《金刚能断般若波罗蜜多经》。什译、菩译、留译和谛译均略去“能断”一词，译为《金刚般若波罗蜜经》，笈译译为《金刚能断般若波罗蜜经》，而奘译和义译译为《能断金刚般若波罗蜜多经》。

《金刚经》本文中没有涉及“金刚能断”一词。达摩笈多所译无著的《金刚般若波罗蜜经论》（《中华大藏经》第二十七册）中解释说：“金刚者细牢故。细者，智因故。牢者不可坏故。能断者，般若波罗蜜中闻思修所断，如金刚断处所断处故，是名金刚能断。”这段释文的意思是般若波罗蜜充满细密的智慧，坚牢不坏，如同无坚不摧的金刚。

而玄奘对“金刚能断”有不同的解释。据慧立、彦悰的《大慈恩寺三藏法师传》中记载，唐太宗询问玄奘：“《金刚般若经》一切诸佛之所从生，闻而不谤，功逾身命之施，非恒沙珍宝所及。加以理微言约，故贤君子多爱受持，未知先代所翻，文义具不？”玄奘回答说：“此经功德实如圣旨。西方之人咸同爱敬。今观旧经，亦微有遗漏。据梵本具云能断金刚般若，旧经直云金刚般若。欲明菩萨以分别为烦恼，而分别之惑坚类金刚，唯此经所诠无分别慧，乃能除断故曰能断金刚般若，故知旧经失上二字。又如下文，三问缺一，二颂缺一，九喻缺三。什法师所翻舍卫国也，留支所翻婆伽婆者，少可。”由这段问答可知玄奘了解鸠摩罗什和菩提留支的汉译，对什译“微有遗漏”的具体描述也符合现存文本的实际情况。而对于“金刚能断”的解释与无著的解释相反，故而奘译“能断金刚”。

其实，“金刚能断”的梵语原词 Vajracchedikā 是一个复合词，由 Vajra（“金刚”）和 chedika（“能断者”）组合而成。从梵语语法的角度，无著和玄奘的解释都能成立。无著的解释是将这个复合词作为持业释，理解为“金刚般的能断者（般若波罗蜜）”，以金刚比喻般若波罗蜜，而玄奘的解释是将这个复合词作为依主释，理解为“能断金刚者（般若波罗蜜）”，以金刚比喻分别烦恼。然而，依据大乘佛经中使用“金刚”这个比喻的总体情况，似乎将金刚比喻般若波罗蜜更合适。如什译《摩诃般若波罗蜜经》卷四《金刚品》第十三中说：“菩萨摩诃萨生大心，不可坏如金刚，是菩萨摩诃萨住是心中，于诸必定众而为上首。”又说：“菩萨摩诃萨行般若波罗蜜时，住如金刚三昧，乃至离著，虚空不染，三昧中住，于必定众作上首。”又如什译《大智度论》[①]卷六十二《释照明品》第四十中说：“菩萨住金刚三昧，断一切烦恼微习无遗余，得无碍解脱故。”

《金刚经》的主旨与《心经》相同，也是着重阐发诸法性空。《金刚经》分为序分、正宗分和流通分。正宗分开头是佛陀应长老须菩提的询问，解答发愿菩萨行者应该怎样安住、修行和调伏心。佛陀指出他们应该让三界所有众生进入涅槃，而即使做到这样，也要认为自己没有让一个众生进入涅槃。因为菩萨不能产生众生想，也不能产生我想、生命想和人想，否则，就不能称为菩萨。这样，佛陀首先阐明了

① “大智度”是摩诃般若波罗蜜多（mahāprajñāpāramitā）的意译。《大智度论》是《摩诃般若波罗蜜经》的注疏。

“人无我”。因为人由五蕴和合而成，缘起而性空，并无所谓“我”这样的实体。

接着，佛陀说明不应住于色、声、香、味、触和法而布施，甚至也不应住于相想而布施。义净所译世亲的《能断金刚般若波罗蜜多经论释》（《中华大藏经》第二十七册）中解释说：“此显所舍之物、所施众生和能施者，于此三处除著想心。”色、声、香、味、触和法指六种感官对象，即“六境”，囊括一切物质和精神存在。“不应住于”也就是不应执著，因为诸法性空。由于诸法性空，所谓所舍之物、所施众生和能施者这三者都只是空性之相，因此也不应住于相想。

佛陀进一步说明不应住于相想，指出不能以诸相完善（即具足三十二大人相）看见如来，而只有依据相即非相，才能看见如来。这说明相是空性之相，而不是空性。因为如来的色身只是空性之相，如来的真实身是法身。法身即法性，法性即空性。而空性非相或无相，因此，只有依据相即非相，才能看见如来，即觉知如来是真如，如来性空。

这样，佛陀确立了“人无我”和“法无我”，即诸法性空。《金刚经》以下的论述则是反复申述这一主旨。但是，与《心经》有所不同的是，《金刚经》反复用“所谓A，也就是如来所说的非A，因此称为A”这个论式阐明诸法性空。

例如，佛陀指出菩萨无所住而布施，获得的功德藏无量无数。佛陀也指出善男子或善女人以七宝布满如同恒河沙这样多的世界，布施众如来，获得的功德藏无量无数。同时，在未来末世，善男子或善女人从这个法门中甚至取出一首偈颂受持诵读，并为他人宣示解说，便会获得更多的无量无数功德藏。然而，佛陀又指出不应该执著功德藏，因为所谓功德藏，也就是如来所说的非藏，因此称为功德藏。

同样，不能凭三十二大人相看见如来，因为所谓三十二大人相，也就是如来所说的非相，因此称为三十二大人相。如来也没有宣说任何法，因为所谓佛法，也就是如来所说的非佛法，因此称为佛法。菩萨也不应该说“我将造就佛土庄严”，因为所谓佛土庄严，也就是如来所说的非庄严，因此称为佛土庄严。还有，所谓众生，也就是如来所说的非众生，因此称为众生。所谓三千大千世界，也就是如来所说的非界，因此称为三千大千世界。如此等等。

依据各种般若经中阐述的思想，可以这样理解《金刚经》中的这个论式：所谓A，即某种事物，由因缘和合而成，刹那生灭，并无恒定的实体。这样，所谓A，也就是如来所说的非A。而A作为因缘和合的现象是存在的，因此称为A，也就是假名为A。佛陀正是反复运用这个论式，向长老须菩提说明所谓的我、众生、生命和人，以及色、声、香、味和触，乃至一切法，皆是“性空幻有”或“真空假有”。

《金刚经》最后用这首偈颂作为这部经的总结：

> 一切有为法，如梦幻泡影，
> 如露亦如电，应作如是观。（什译）
>
> 诸和合所为，如星翳灯幻，
> 露泡梦电云，应作如是观。（奘译）

这首偈颂中什译的“一切有为法”即奘译的“诸和合所为”，梵语原文用词是saṃkṛta，词义为装饰、修饰或构建，在佛经中特指“和合”和“造作”，通常译为“有为”，相当于缘起法。与之相对的是“无为”（asaṃkṛta），相当于无生无灭的涅槃。这首偈颂以星星、翳障、灯光、幻影、露珠、泡沫、睡梦、闪电和浮云比喻有为法，即因缘和合，生而又灭，灭而又生，变幻无常，由此说明诸法性空。

对比什译和奘译，奘译译出九种喻体，而什译只译出其中六个喻体，正如前面提到玄奘向唐太宗指出什译“九喻缺三”。然而，从译文的角度，什译比奘译简约流畅。实际上，缺少三喻，也不影响这首偈颂表达的思想内涵。因此，这首偈颂的什译和奘译可以用作鸠摩罗什和玄奘两者翻译风格的典型例举。

然而，诸法性空也不能理解为诸法空无。什译《大智度论》卷一《缘起义释论》第一中批评各种“戏论”（即不实之论），其中提到“方广道人言一切法不生不灭，空无所有”。“方广道人”指部派佛教中的方广部。这说明不能将诸法性空理解为诸法“空无所有”。《金刚经》中多次论及不能凭三十二相看见如来。在最后一次论述时，佛陀先指出如果凭三十二相能看见如来，那么，转轮王也成为如来，因为转轮王也有三十二相。然后，佛陀又指出如来不凭三十二相觉知无上正等菩提。而紧接着佛陀又指出发愿奉行菩萨乘者不宣说毁灭和断除任何法。这也暗示不能将一切法理解为空无所有，否则就陷入空无所有的断灭论，因为如来具有三十二相，只是不能凭三十二相看见如来，因为如来的实相是法性，即空性。

《金刚经》中也提到如来有“肉眼”、“天眼”、“慧眼”、“法眼”和“佛眼”，也提到菩萨无所住而布施，善男子或善女人布施众如来，获得的功德藏无量无数，而若有善男子或善女人在未来末世从这个法门中甚至取出一首偈颂受持诵读，并为他人宣示解说，便会获得更多的无量无数功德。如果一切法空无所有，也就无所谓如来有三十二相或有“肉眼”等，无所谓布施有功德，功德也无所谓多或少。这样，就会堕入虚无主义，也就是大乘佛经中所说的“恶取空”（durgṛhītā śūnyatā）。

般若经旨在破除世人“我执”和“法执”的贪著心，偏重阐发“人无我”和“法无我”，即诸法性空，而对诸法性空并非诸法空无这一点阐述不充分。依据般若经阐发的理论重点，可以称其为般若空论，也可以称其为“空教”。此后，在般若空论的基础上，产生龙树的《中论》，开创中观学派。

中观学确认一切事物有缘起，有缘起，则无自性，故而缘起性空。同时，中观学又提倡“中道”：“众因缘生法，我说即是空，亦为是假名，亦是中道义。”“假名”指世俗的名言概念，也就是俗谛对事物的认识，而缘起性空是第一义谛对事物的认识。这样，既确立第一义谛的“性空”或“真空”，又承认俗谛的“幻有”或“假有”，也就不落二边，名为“中道”。所谓“幻有”或“假有”也就是一切事物因缘和合的现象。这样，也就有利于避免堕入“一切法空无所有”的“恶取空”。由此可见，继般若空论之后产生中观学，自有适应大乘佛教发展需求的合理性和必然性。

最后，郑国栋为我的这部书稿的电子文本，按照出版要求的版面格式做了编排工作，在此表示感谢。

黄宝生

2019 年 12 月

心　经

प्रज्ञापारमिताहृदयम्

（संक्षिप्तमातृका）

（小本）

今译：般若波罗蜜多心经

什译[①]：摩訶般若波羅蜜大明咒經

奘译[②]：般若波羅蜜多心經

唐梵翻對字音般若波羅蜜多心經

不空[③]：梵本般若波羅蜜多心經

慈贤[④]：梵本般若波羅蜜多心經

① “什译”指后秦鸠摩罗什译。
② “奘译”指唐玄奘译。
③ “不空”指唐不空。
④ “慈贤”指辽慈贤。

आर्यावलोकितेश्वरो बोधिसत्त्वो गम्भीरायां प्रज्ञापारमिताचर्यां चरमाणो व्यवलोकयति स्म। पञ्च स्कन्धास्तांश्च स्वभावशून्यान्पश्यति स्म॥

今译：圣[①]观自在菩萨[②]修行深邃般若波罗蜜多[③]时，进行观察。他观察到五蕴[④]自性[⑤]皆空。

什译：觀世音[⑥]菩薩行深般若波羅蜜時，照見[⑦]五陰[⑧]空，度一切苦厄[⑨]。

奘译：觀自在菩薩行深般若波羅蜜多時，照見五蘊皆空，度一切苦厄。

इह शारिपुत्र रूपं शून्यता शून्यतैव रूपम्। रूपान्न पृथक्शून्यता शून्यताया न पृथग्रूपम्। यद्रूपं सा शून्यता या शून्यता तद्रूपम्।

---

① “圣”的原词是 ārya，词义为高贵的或神圣的，这里指圣者。

② “菩萨”（bodhisattva）是音译“菩提萨埵”的略称。“菩萨”也是复合词，即 bodhisattva。bodhi 源自动词 budh，词义为觉知或觉醒。sattva 含有多义：存在、本性、本质、能力、真实和众生。据此，“菩萨”一般可以理解为“觉醒的众生”。佛经中使用的“众生”一词指生命个体，尤其是具有感情和意识的生命个体。因此，“众生”也译“有情”。

③ “般若波罗蜜多”的原词是 prajñāpāramitā，也译为般若波罗蜜，其中 prajñā （“般若”）的词义为智慧，pāramitā（“波罗蜜多”）的词义为完美、圆满或到彼岸，故而此词可理解为依靠智慧圆满到达彼岸，即达到涅槃。

④ “五蕴”（pañcaskandha）指色、受、想、行和识。

⑤ “自性”（svabhāva）指本性、本质或实质。什译和奘译均未译出此词。而唐梵本（指《唐梵翻对字音般若波罗蜜多心经》，下同）、不空本（指不空《梵本般若蜜多心经》，下同）和慈贤本（指慈贤《梵本般若蜜多心经》，下同）中均有此词的译音，而且唐梵本还标注为“自性”。同时，大本中也有此词，大本的月译、智译和施译均译为“自性”，成译译为“体性”（即“自性”）。

⑥ 此处“观世音”按原文是 avalokeśvara（“观自在”）。“观世音”的原文是 avalokitasvara。有证据表明早期大乘佛经中，这个菩萨名为 avalokitasvara，即由 avalokita（“观”）和 svara（“音”）组成的复合词，译名为“观音”或“观世音”。后来，这个菩萨名衍变为 avalokeśvara，即由 avalokita（“观”）和 īśvara（“自在”）组成的复合词，译名为“观自在”。参阅《梵汉对勘妙法莲华经》导言，中国社会科学出版社 2018 年版，第 22 页。

⑦ “照见”的原词是 vyavalokayati，词义为观看、观察或看见，而此词的动词词根 lok 也有照亮的意思，故而什译“照见”。

⑧ “五阴”是“五蕴”的另一种译名。

⑨ 此处以及奘译中的“度一切苦厄”不见于原文。

今译：这里，舍利子[①]啊，色[②]即是空性，空性即是色。空性不异于色，色不异于空性。这色即是这空性，这空性即是这色。

什译：舍利弗！色空故無惱壞相，受空故無受相，想空故無知相，行空故無作相，識空故無覺相[③]。何以故？舍利弗！非色異空，非空異色。色即是空，空即是色[④]。

奘译：舍利子！色不異空，空不異色。色即是空，空即是色。

एवमेव वेदनासंज्ञासंस्कारविज्ञानम्॥

今译：受、想、行、识[⑤]也是如此。

什译：受、想、行、識亦如是。

奘译：受、想、行、識亦復如是。

इह शारिपुत्र सर्वधर्माः शून्यतालक्षणा अनुत्पन्ना अनिरुद्धा अमला अविमला अनूना अपरिपूर्णाः।

今译：这里，舍利子啊，一切法[⑥]皆是空性相[⑦]，无生无灭，无垢无净，无减无增。

---

① “舍利子”（śāriputra）是佛弟子，母亲名为舍利（śāri），故而称为舍利子。此词也音译舍利弗。

② “色”（rūpa）是五蕴之一，指“四大”（地、水、火和风）和源于“四大”的一切事物。

③ 什译此句不见于原文，奘译也没有这句。

④ 此处四个短句中的“空”按原文是 śūnyatā，词义为空性，什译和奘译均译为“空”。而唐梵本中，虽然据译音其中三处均为 śūnyatā（“空性”），但只有一处即“空性即是色”中标注有“性”。同时，不空本和慈贤本据译音这四处均为“空性”，说明原文中此词均为 śūnyatā（“空性”）。

⑤ “受、想、行和识”与“色”组成“五蕴”。其中，“受”（vedanā）指眼、耳、鼻、舌、身和意的感受。“想”（saṃjñā）指眼、耳、鼻、舌、身和意感知事物的表象或特征，而形成概念。“行”（saṃskāra）指身行、口行和心行以及意向、意志或业力。“识”（vijñāna）指眼识、耳识、鼻识、舌识、身识和意识。

⑥ “法”（dharma）这个词有多种含义：法则、律法、职责、正义、本质、性质、方法、方式和事物等。此处“一切法”泛指宇宙中一切物质和精神存在。

⑦ “相”（lakṣaṇa）指表象或特征。“一切法皆是空性相”意谓一切法皆以空性为其特征或特性。

什译：舍利弗！是諸法空[①]相，不生不滅，不垢不淨，不增不減。

奘译：舍利子！是諸法空相，不生不滅，不垢不淨，不增不減。

तस्माच्छारिपुत्र शून्यतायां न रूपं न वेदना न संज्ञा न संस्काराः न विज्ञानं। न चक्षुःश्रोत्रघ्राणजिह्वाकायमनांसि न रूपशब्दगन्धरसस्प्रष्टव्यधर्माः। न चक्षुर्धातुर्यावन्न मनोविज्ञानधातुः।

今译：因此，舍利子啊，空性中无色，无受，无想，无行，无识，无眼、耳、鼻、舌、身和意，无色、声、香、味、触和法，无眼界，乃至无意识界[②]。

什译：是空法[③]非過去，非未來，非現在[④]。是故，空[⑤]中無色，無受、想、行、識，無眼、耳、鼻、舌、身、意，無色、聲、香、味、觸、法，無眼界，乃至無意識界。

奘译：是故，空中無色，無受、想、行、識，無眼、耳、鼻、舌、身、意，無色、聲、香、味、觸、法，無眼界，乃至無意識界。

न विद्या नाविद्या न विद्याक्षयो नाविद्याक्षयो यावन्न जरामरणं न जरामरणक्षयो न दुःखसमुदयनिरोधमार्गा न ज्ञानं न प्राप्तिर्नाप्राप्तिः।

今译：无明[⑥]，无无明，无明尽，无无明尽，乃至无老死，无老

① 此处“空”按原文是 śūnyatā，词义为空性。什译和奘译均译为“空”。按唐梵本、不空本和慈贤本此处的译音均为 śūnyatā（“空性”）。

② “界”（dhātu）指构成人的存在的十八种因素，包括六根：眼、耳、鼻、舌、身和意，六境：色、声、香、味、触和法，六识：眼识、耳识、鼻识、舌识、身识和意识。因此，“无眼界，乃至无意识界”是指“无十八界”，其中也包括“无六识”。

③ 此处“空法”相当于“空性”。

④ 什译这句不见于原文，奘译也没有这句。

⑤ 此处“空”按原文是 śūnyatā，词义为空性。按唐译本和慈贤本，此处的译音均为 śūnyatā（“空性”）。同时，大本中也有此词，其中的成译译为“空性无相”，智译译为“法性相空”。

⑥ “明”的原词是 vidyā，词义为知识。此处“无明”（na vidyā）以及后面的“无明尽”（nāvidyākṣayo）不见于什译和奘译，但见于唐梵本和大本。而不空本没有“无明”和“无明尽”，与什译和奘译一致。慈贤本则有“无明”，而无“无无明”。

死尽[①]，无苦集灭道[②]，无智[③]，无得，无无得[④]。

什译：無無明，亦無無明盡，乃至無老死，亦無老死盡，無苦、集、滅、道，無智，亦無得。

奘译：無無明，亦無無明盡，乃至無老死，亦無老死盡，無苦、集、滅、道，無智，亦無得。

तस्माच्छारिपुत्र अप्राप्तित्वाद्बोधिसत्त्वस्य प्रज्ञापारमितामाश्रित्य विहरत्यचित्तावरणः। चित्तावरणनास्तित्वादत्रस्तो विपर्यासातिक्रान्तो निष्ठनिर्वाणः।

今译：舍利子啊，由于无得，依靠菩萨的般若波罗蜜多，住于其中，心无障碍。心无障碍，也就无恐怖，远离颠倒，最终涅槃[⑤]。

什译：以無所得故，菩薩依般若波羅蜜故，心無罣礙。無罣礙故，無有恐怖，遠離顛倒夢想苦惱，究竟涅槃。

奘译：以無所得故，菩提薩埵依般若波羅蜜多故，心無罣礙。無罣礙故，無有恐怖，遠離顛倒夢想，究竟涅槃。

त्र्यध्वव्यवस्थिताः सर्वबुद्धाः प्रज्ञापारमितामाश्रित्यानुत्तरां सम्यक्सम्बोधिमभिसम्बुद्धाः।

---

① 自“无明”至“无老死灭尽”实际是指“无十二因缘的生和灭”。“十二因缘”是“缘无明故有行，缘行故有识，缘识故有名色，缘名色故有六处，缘六处故有触，缘触故有受，缘受故有爱，缘爱故有取，缘取故有有，缘有故有生，缘生故有老、死、忧愁、哀伤、痛苦、烦恼和不安”。同样，“缘无明灭则行灭”，以此类推。其中的“名色”是“名”（指“受、想、行和识”）和“色”的合称。“六处”也就是“眼、耳、鼻、舌、身和意”。

② “苦、集、灭、道”即四圣谛，指一切皆苦，苦有原因，苦能灭寂，灭寂有道。其中，“集”（samudaya）的词义为“产生”，指“苦”产生的原因。“道”（mārga）指“八正道”，即正见、正思、正语、正业、正命、正勤、正念和正定。

③ 此处“智”的原词是 jñāna，本义为了解和理解，引申为意识、知识和智力。

④ 此处“无无得”不见于什译和奘译，也不见于唐梵本、不空本和慈贤本。而唐梵本此处有“曩（无）鼻娑么（证）”，慈贤本此处有“拏毕三磨野”，可以还原为 na abhisamayaḥ（“无证得”）。同时大本原文中有“无无得”，大本的成译和施译也有“无无得”，而大本的月译、般译和智译无“无无得”。

⑤ “涅槃”（nirvāṇa）一词源自动词 nirvā，词义为“吹灭”、“清凉”、“寂灭”或“寂静”。在佛教中指摆脱生死轮回、断除一切烦恼的清净境界。

今译：住于三世[①]的一切佛依靠般若波罗蜜多觉知无上正等菩提[②]。

什译：三世諸佛依般若波羅蜜故，得阿耨多羅三藐三菩提。

奘译：三世諸佛依般若波羅蜜多故，得阿耨多羅三藐三菩提。

तस्माज्ज्ञातव्यं प्रज्ञापारमिता महामन्त्रो महाविद्यामन्त्रोऽनुत्तरमन्त्रोऽसम-सममन्त्रः सर्वदुःखप्रशमनः सत्यममिथ्यत्वात् प्रज्ञापारमितायामुक्तो मन्त्रः। तद्यथा

今译：因此，应该知道般若波罗蜜多是大咒[③]，大明咒，无上咒，无等等[④]咒，能灭除一切苦，真实不虚。故而，般若波罗蜜多中说咒如下：

什译：故知般若波羅蜜是大明咒，無上明咒，無等等咒，能除一切苦，真實不虛，故說般若波羅蜜咒。即說咒曰：

奘译：故知般若波羅蜜多是大神咒，是大明咒，是無上咒，是無等等咒，能除一切苦，真實不虛，故說般若波羅蜜多咒。即說咒曰：

ॐ गते गते पारगते पारसंगते बोधि स्वाहा॥

今译：唵[⑤]！去吧！去吧！去往彼岸！一起去往彼岸！菩提，萨婆诃[⑥]！

---

① “三世”指过去、现在和未来。

② “无上正等菩提”的原词是 anuttrām samyaksambodhim，或意译无上正等觉，或音译阿耨多罗三藐三菩提。“正等菩提”（samyaksambodhi） 可以拆解为 samyak（“正”，正确）sam（“等”，完全）bodhi（“菩提”，觉醒）。

③ “咒”的原词是 mantra，最早用于指称吠陀颂诗和敬神祷词，后来也用于指称具有神秘力的经咒、咒语或咒文。

④ “无等等”的原词是 asamasama，词义为无可等同或无与伦比。

⑤ “唵”（oṃ）这个音节最早用于吠陀颂诗诵读的开头和结束。后来，它成为一个神圣的音节，并被认为含有神秘力，经常用于咒语或宗教致敬用语的发语词。此处“唵”不见于什译和奘译，但见于不空本和大本，而唐梵本和慈贤本也无这个“唵”，与什译和奘译一致。

⑥ 萨婆诃（svāhā）原本是印度古代向祭火中投放祭品供奉天神时使用的呼告词，如“因陀罗，萨婆诃！”“火神，萨婆诃！”可以理解为向天神表达敬意，请天神接受祭品的呼告词。这里，萨婆诃与菩提（bodhi）一词相连，可以理解为向菩提表达敬意的吉祥呼告词。

什译：竭帝，竭帝，波羅竭帝，波羅僧竭帝，菩提，僧莎呵！

奘译：揭帝，揭帝，般羅揭帝，般羅僧揭帝，菩提，僧莎訶！

इति आर्यप्रज्ञापारमिताहृदयं समाप्तम्॥

今译：《圣般若波罗蜜多心经》终

什译：《摩訶[1]般若波羅蜜大明咒經》

奘译：《般若波羅蜜多心經》

आर्यावलोकितेश्वरो बोधिसत्त्वो गम्भीरायां प्रज्ञापारमितायां चर्यां चरमाणो व्यवलोकयति स्म। पञ्च स्कन्धास्तांश्च स्वभावशून्यान्पश्यति स्म॥[2]

唐梵：鉢囉（二合）（pra）[3]（般）誐攘（二合）（jñā）（若）播（pā）（波）囉（ra）（羅）弭（mi）（蜜）哆（tā）（多）紇哩（二合）那野（hṛdaya）（心）[4]素怛囕（sūtram）（經）（一）[5]。

阿哩也（二合）（āryā）（聖）嚩嚕（valo）（觀）枳帝（自）(kite)濕嚩路(śvara)(在)[6]冒地（bodhi）（菩）娑怛侮（sattvo）（薩）(二)儼鼻囕（gambhīrāyām）(深)鉢囉（二合）（pra）(般)誐攘（jñā）（若）播（pā）

① “摩诃”的原词是 mahā，词义为大，此处原文中使用的是 ārya（“圣”）这个词。按照奘译，作为正式的经名，这个“圣”字可以略去。

② 这里为方便读者对照，也提供梵语原文。

③ 这里同样为方便读者对照，添加原文的梵语拉丁拼音，下同。同时，也为唐梵本添加标点，因为其中的序号虽然相当于标点，但不准确。

④ 此处“纥哩那野”对应的原词是 hṛdaya，其中的“那”对应 da，译音似应为“陀”。

⑤ 以上是《般若波罗蜜多心经》这个经名的音译。

⑥ 此处“阿哩也嚩噜枳帝湿嚩路”对应的原文是 āryāvalokeśvara，应拆解为“阿哩也”ārya（“圣”）“嚩噜枳帝”avalokita（“观”）“湿嚩路” īśvara（“自在”）。其中有两处存在连声，即 ārya 的尾音 a 和 avalokita 的初音 a 合为 ā，avalokita 的尾音 a 和 īśvara 的初音 ī 合为 e。

（波）囉（ra）（羅）弭（mi）（蜜）哆（tāyām）（多）（三）左哩焰（二合）（caryām）（行）左囉（cara）（行）麼口+女[①]（māṇo）[②]尾也（二合）（vya）（時）（四）嚩嚕(引)迦（valokayati）（照）底娑麼（二合）（sma）（見）[③]。畔左（pañca）（五）塞建(引)馱(引)（skandhās）（五蘊）娑[④]怛(引)室左（二合）（tāṃśca）（彼）娑嚩（sva）（自）婆(引)嚩(引)（bhāva）（性）戍儞焰（二合）（śūnyān）（空）（六）跛失也（二合）（paśyati）娑麼（二合）（sma）（現）[⑤]。

不空[⑥]：鉢囉（二合）枳攘（二合）播囉弭跢口+紇哩（二合）乃野素怛囕（二合）（prajñāpāmitāhṛdayasūtram）已上經題。

阿(上)哩也（二合）嚩路枳帝濕嚩（二合）嚕冒地娑怛舞（二合）（一）（āryāvalokiteśvarabodhisattvo）儼鼻口+藍（gambhīrāyām）鉢囉（二合）枳攘播囉弭跢(上)（prajñāpāmitām）左哩演（二合）（caryām）左囉麼喃（caramāṇo）弭也（二合）（二）嚩路迦野底（丁一反）（vyavalokayati）娑麼（二合）（sma）。半左(引)（pañca）塞建（二合）擔(引)（skandhāḥ）（三）娑黨（二合）室者（二合）（tāṃśca）娑嚩（二合）婆(去)嚩舜(引)你焰（二合）（svabhāvaśūnyān）（四）鉢始也（二合）底(上)（paśyati）娑麼（二合）（sma）（五）。

慈贤：鉢囉（二合）倪也（二合）鉢囉蜜多（一）口+紇哩（二合）乃野素怛囉（二合）（prajñāpāmitāhṛdayasūtram）（二）。

阿哩也（二合）嚩路枳帝（三）濕嚩（二合）嚕（四）冒地娑怛舞（二

---

① 此处“口+女”是一个字，表示左偏旁口加女这个字。以下遇到这类异体字，也用这种方法表示。

② 此处“左啰么口+女”对应的原词是 caramāṇo，动词 car（“行”）的现在分词，故而应作为一个词，标注为“（行时）”。这样，后面出现的“（时）”应移至这里。

③ 此处“尾也嚩噜迦底”对应的原词是 vyavalokayati，动词 vyavalok 的现在时态，词义为观察或照见，“娑么”对应的原词是 sma，这是与动词现在时态连用的不变词，表示过去或经常。

④ 此处 skandhāḥ 和 tāṃśca 连声而变成 skandhāstāṃśca，中间 skandhāḥ 的尾音 ḥ 变成 s，故而这里的“娑”应移至前面的“驮”后。

⑤ 此处原文 paśyati sma，词义为观察或照见，语法形态同上。

⑥ 不空本和下面的慈贤本添加的梵语拉丁拼音是梵语单词或复合词，具体对应的译音可参阅唐梵本。

合）（āryāvalokiteśvarabodhisattvo）（五）儼鼻口+藍（gambhīrāyām）（六）播囉（二合）倪也（二合）播囉弭跢（prajñāpāmitām）（七）左哩演（二合）（caryām）左囉麼耨（caramāṇo）尾也（二合）(八）嚩路迦野（九）底（vyavalokayati）娑麼（二合）（sma）。半左（pañca）塞建（二合）跢（skandhāḥ）（十）娑跢（二合）室佐（二合）（tāṃśca）（十一）娑嚩(二合)婆嚩舜你焰(二合)(svabhāvaśūnyān)(十二)鉢始也底(paśyati)娑麼（二合）（sma）(十三)。

इह शारिपुत्र रूपं शून्यता शून्यतैव रूपम्। रूपान्न पृथक्शून्यता शून्यताया न पृथग्रूपम्। यद्रूपं सा शून्यता या शून्यता तद्रूपम्।

唐梵：伊賀（iha）(此)(七)，捨(舍)（śā）哩（ri）(利)（putra）補怛囉(子)（二合）(八)，嚕畔（rūpam）(色)戍儞焰（二合）（śūnyatā）(空)[①]，戍儞也（二合）（śūnya）(空)口+带（tā）(性)嚩（eva）(是)嚕畔（rūpam）(色)(九)。嚕播（rūpān）(色)曩（na）(不)比口+栗（二合）他（pṛthak）(異)戍儞也（二合）哆（śūnyatā）(空)[②](十)，戍儞也（二合）（śūnya）(空)哆野（tāyā）(亦)[③](十一)，曩(引)（na）(不)比口+栗（二合）他薩/女[④]（pṛthak）(異)嚕（二合）畔（rūpam）(色)(十二)，夜（yad）(是)怒嚕（二合）畔（rūpam）(色)娑（sā）戍[⑤](彼)儞也（二合）哆夜[⑥]（śūnyatā）(空)[⑦](十三)，（yā）戍(是)儞也（二合）哆（śūnyatā）(空)[⑧]娑[⑨]（tad）(彼)嚕畔（rūpam）(色)(十四)。

---

① 此处“戍儞焰”对应的原词是 śūnyatā（“空性”），故而“戍儞焰”后面应添加“哆”，标注为“（空性）”。

② 此处“戍儞也哆”应标注为“（空性）”。

③ 此处“戍儞也哆野”对应的原文是 śūnyatāyā，即 śūnyatāyāḥ，是 śūnyatā（“空性”）的从格，故而应标注为“（空性）”。

④ 此处“薩/女”是一个字，表示薩在上，女在下，构成一个字。以下遇到这类异体字，也用这种方法表示。

⑤ 此处“戍”应移至“（彼）”后。

⑥ 此处“夜”应移至下一行的“戍”前。而这个“戍”应移至“是”后。

⑦ 此处“（空）”应标注为“（空性）”。

⑧ 此处“（空）”应标注为“（空性）”。

⑨ 此处“娑”对应的原词是 tad，因此标音存在问题。而不空本和慈贤本此处也标音为“娑”。

不空：伊(上)賀（iha），舍哩補怛囉（二合）（śāriputra）（六），嚕畔（rūpam）戍你也（二合）哆（śūnyatā）（七），戍你也（二合）带（śūnyatā）嚩（eva）嚕畔（rūpam）（八）。嚕畔（rūpān）曩（na）畢哩（二合）擇（pṛthak）忖你也（二合）哆（śūnyatā）（九），秫（诗律反）你也（二合）哆夜（śūnyatāyā）曩（na）畢哩（二合）他（入）薛/木（pṛthak）嚕（二合）畔（rūpam）（十）。拽(引)訥（yad）嚕（二合）畔（rūpam）娑（sā）舜你也（二合）哆（śūnyatā）（十一），[①]（yā）戍你也（二合）带（śūnyatā）嚩夜(引)娑(上)（tad）嚕畔（rūpam）（十二）。

慈贤：伊賀（iha），舍哩補怛囉（二合）（śāriputra）（十四），嚕畔（rūpam）戍你也（二合）哆（śūnyatā）（十五），戍你也（二合）带（śūnyatā）嚩（eva）嚕畔（rūpam）（十六）。嚕畔（rūpān）拏（na）必哩（二合）跢（pṛthak）（十七），[②]（śūnyatā）戍你也（二合）哆咩[③]（śūnyatāyā）（十八）拏（na）必哩（二合）跢薛/木（pṛthak）嚕畔（rūpam）（十九）。拽訥（yad）嚕（二合）伴（rūpam）（二十）娑（sā）舜你也（二合）哆（śūnyatā）（二十一），[④]（yā）舜你也（二合）跢（śūnyatā）（二十二）娑（tad）嚕畔（rūpam）（二十三）。

एवमेव वेदनासंज्ञासंस्कारविज्ञानम्॥

唐梵：曀嚩（evam）（如）弭[⑤]嚩（eva）（是）（十四），吠那曩（vedanā）（受）、散誐攘（saṃjñā）（想）、散娑迦(引)囉（saṃskāra）（行）、尾誐攘（二合）喃（vijñānam）（識）（十五）。

不空：醫曀嚩弭嚩（入）（evam eva）（十三），尾那曩（vedanā）、僧(去)枳孃（二合）（saṃjñā）、僧(去)娑迦（二合）囉（saṃskāra）、尾枳孃（二合）曩寧+頁（vijñānam）（十四）。

---

① 此处原文中有 yā，唐梵本标音“夜”。
② 此处缺 śūnyatā 的译音。
③ 此处“咩”对应 yā，唐梵本和不空本的译音均为“夜”。
④ 此处原文中有 yā，应标音“夜”。
⑤ 此处“弭”是 eva 的初音 e 与前面 evam 的尾音 m 连声而变成 me（“弭”）。

慈贤：翳嚩銘嚩(evam eva)(二十四)，尾娜拏（vedanā）（二十五）、僧擬惹（二合）(saṃjñā)、僧娑伽囉(saṃskāra)（二十六）、尾倪也（二合）喃(vijñānam)（二十七）。

इह शारिपुत्र सर्वधर्माः शून्यतालक्षणा अनुत्पन्ना अनिरुद्धा अमला अविमला अनूना अपरिपूर्णाः।

唐梵：伊賀（iha）(此)，捨（śā）(舍)哩（ri）(利)（putra）補怛囉(子)（二合）(十六)，薩囉嚩（sarva）(諸)達麼（dharmāḥ）(法)戍儞也（二合）哆（śūnyatā）(空)[①]落乞叉（二合）拏（lakṣaṇā）(相)(十七)，阿怒（anu）(不)哆播（二合）曩（tpannā）(生)[②]，阿寧（ani）(不)嚕馱（ruddhā）（滅）[③]，阿（a）（不）摩囉（malā）（垢）(十八)，阿（a）(不)（vimalā）尾麼攞(淨)(十九)，阿（a）(不)怒曩（nūnā）(增[④])，阿（a）(不)播哩補攞拏（paripūrṇā）(減[⑤])（二合）(二十)。

不空：（iha）[⑥]，舍哩補怛囉（二合）（śāriputra）(十五)，薩囉嚩（二合）達囉磨（二合）(sarvadharmāḥ)戍你也（二合）哆落訖叉（二合）拏(上)（śūnyatālakṣaṇā）(十六)，阿(上)努怛播（二合）曩（anutpannā）(十七)，阿(上)寧口+律驮(aniruddhā)(十八)，阿(上)摩攞(amalā)(十九)，阿(上)吠（無每反）摩攞（avimalā）（二十），捺那諾(anūnā)[⑦]（二十一），三布阿囉拏（二合）[⑧](二十二)。

慈贤：伊賀（iha），舍哩補怛囉（二合）（śāriputra）(二十八)，薩

---

① 此处“（空）”应标注为“（空性）”。

② 此处“阿怒哆播曩”对应的原文是 anutpannā，应拆解为 an（“不”）utpannā（“生”）。其中的 n 和 u 连声而变成 nu（“怒”）。

③ 此处“阿宁噜驮”的原文是 aniruddhā，应拆解为阿 a（“不”）宁噜驮 niruddhā（“灭”）。

④ 此处“增”应为“减”。

⑤ 此处“减”应为“增”。

⑥ 此处原文中有 iha，应标音“伊贺”。

⑦ 此处“捺那诺”对应的原词是 anūnā，这个译音与原词有差异。唐梵本标音为“阿怒曩”，与原词一致。

⑧ 此处唐梵本标音为“阿播哩补攞拏”，对应的原词是 aparipūrṇā（“不增”），与“三布阿啰拏”差异较大。

囉嚩（二合）達囉磨（二合）（sarvadharmāḥ）（二十九）戍你也（二合）跢口+洛乞叉（二合）拏（śūnyatālakṣaṇā）（三十），阿努怛播拏（anutpannā）（三十一），阿努嚕馱（aniruddhā）（三十二），阿麼攞（amalā)(三十三），阿尾麼攞（avimalā）（三十四），阿努才+祭（anūnā）（三十五），阿鉢哩部囉拏（二合）（aparipūrṇā）（三十六）。

तस्माच्छारिपुत्र शून्यतायां न रूपं न वेदना न संज्ञा न संस्काराः न विज्ञानं । न चक्षुःश्रोत्रघ्राणजिह्वाकायमनांसि न रूपशब्दगन्धरसस्प्रष्टव्यधर्माः। न चक्षुर्धातुर्यावन्न मनोविज्ञानधातुः।

唐梵：哆（ta）（是）娑每（smāt）（故）[①]，捨（śā）（舍）哩（ri）（利）補怛囉（putra）（子）（二合）（二十一），戍儞也 śūnya（二合）（空）哆焰（tāyām）（中）[②]曩（na）（無）嚕畔（rūpam）（色）（二十二），曩（na）（無）吠（ve）(引)那曩（danā）（受）（二十三），曩（na）（無）散誐攘（saṃjñā）（想）（二合）（二十四），曩（na）（無）散娑迦囉（saṃskārāḥ）（行）（二合）（二十五），曩（na）（無）尾誐攘（二合）喃（vijñānam）（識）（二十六），曩（na）（無）斫乞蒭（cakṣuḥ）（眼）、戍嚕怛囉（śrotra）（二合）（耳）、迦囉（二合）拏（ghrāṇa）（鼻）、口+爾賀嚩（jihvā）（舌）、迦野（kāya）（身）、麼曩台/十+力（manāṃsi）（意）（二十七），曩（na）（無）嚕畔（rūpa）（色）、攝那（śabda）（聲）、彥馱（gandha）（香）、囉娑（rasa）（味）、娑播囉（二合）瑟吒尾也（spraṣṭavya）（觸）（二合）、達麼（dharmāḥ）（法）（二十八），曩（na）（無）斫蒭（cakṣur）（眼）（二合）馱都（dhātu）（界）（二十九），哩也（ryā）（乃）（二合）嚩（van）（至）[③]曩（na）（無）麼努（mano）（意）尾誐攘誐（二合）喃（vijñāna）（識）馱都（dhātuḥ）（界）（三十）。

---

① 此处“哆娑每”对应的原文是 tasmāc 即 tasmāt，属于不变词，词义为因此，故而应标注为“（是故）”。

② 此处“戍儞也哆焰”对应的原文是 śūnyatāyām，即 śūnyatā（“空性”）一词的依格，故而应标注为“（空性中）”。

③ 此处原文 dhāturyāvan 应拆解为 dhātur（“界”）yāvan（“乃至”）。

不空：怛娑每（二合）（tasmāt），[1]王+祭[2](上)你也（二合）哆野(śūnyatāyām)（二十三）曩（na）噜畔(rūpam)(二十四)，曩(na)吠那曩(vedanā)(二十五)，曩(na)僧(去)枳孃（二合）（saṃjñā）(二十六)，曩(na)僧(去)塞伽（二合）囉(saṃskārāḥ)(二十七)，曩(na)尾枳孃（二合）曩寧+頁(vijñānam)(二十八)，曩(na)作屈蒭（二合）(cakṣuḥ)、秫噜（二合）怛囕（二合）(śrotra)、伽囉（二合）喃(上)(ghrāṇa)、口+爾賀嚩(jihvā)、迦野(kāya)、麽曩(manāṃsi)(二十九)，曩(na)噜播(rūpa)、湿嚩（二合）(śabda）、巘馱(gandha)、囉娑(rasa)、娑囉（二合）瑟剳尾也（二合）(spraṣṭavya)、達囉磨(dharmāḥ)(三十)。曩(na)作屈蒭（二合）(cakṣur)馱覩(dhātur)(三十一)，夜嚩(yāvan)曩(na)麽努尾枳孃（二合）曩（二合）馱覩(manovijñānadhātuḥ)(三十二)。

慈贤：怛娑麽（二合）(tasmāt)，扌+祭哩布怛囉（二合）(śāriputra)（三十七），戍你也（二合）哆咩(śūnyatāyām)（三十八）[3]（na）噜畔(rūpam)(三十九)，拏(na)吠那拏(vedanā)(四十)，拏(na)僧擬惹（二合）(saṃjñā)(四十一)，拏(na)僧塞迦（二合）囉(saṃskārāḥ)(四十二)，拏(na)尾倪也（二合） 捺(vijñānam)(四十三)，拏(na)作屈蒭（二合）(cakṣuḥ)（四十四）、秫噜（二合）怛囉（二合）(śrotra)（四十五）、伽囉（二合）喃(ghrāṇa)（四十六）、口+爾賀嚩(jihvā)（四十七）、迦野(kāya)（四十八）、麽曩悉(manāṃsi)(四十九)，拏(na)噜播(rūpa)、湿嚩（二合）(śabda）、巘驮(gandha)、囉娑(rasa)（五十）、舍鉢囉（二合）瑟吒（二合）尾也（二合）(spraṣṭavya)(五十一)、達囉磨(dharmāḥ)(五十二)。拏(na)斫乞蒭(二合)(cakṣur)驮覩(dhātur)(五十三)，夜嚩(yāvan)拏(na)麽努（五十四）尾倪也（二合）曩驮覩(manovijñānadhātuḥ)(五十五)。

न विद्या नाविद्या न विद्याक्षयो नाविद्याक्षयो यावन्न जरामरणं न जरामरण-

① 此处原文和唐梵本中有 śāriputra（“舍利子”）。
② 此处“王+祭”应标音为“戍”。
③ 此处缺 na 的译音。

क्षयो न दुःखसमुदयनिरोधमार्गा न ज्ञानं न प्राप्तिर्नाप्राप्तिः ।

唐梵：曩（na）（無）尾儞也（vidyā）（明）（三十一），曩（na）（無）尾儞也（avidyā）（明）①（三十二），曩（na）（無）尾儞也（vidyā）（明）乞叉喻（kṣayo）（盡）（三十三），曩（na）（無）尾儞也（avidyā）（明②）乞叉喻（kṣayo）（盡）（三十四），野（yā）（乃）嚩囉（van）（至）曩（na）（無）口+惹囉（jarā）（老）麼囉喃（maraṇam）（死）（三十五），曩（無）口+惹囉（jarā）（老）麼囉拏（maraṇa）（死）乞叉喻（kṣayo）（盡）（三十六），曩（na）（無）耨佉（duḥkha）（苦）娑每那野（samudaya）（集）寧嚕馱（nirodha）（滅）麼哩誐穰（二合）（mārgā）（道）（三十七），曩（na）（無）誐攘喃（jñānam）（智）（三十八），曩（na）（無）鉢囉（二合）比底（prāptiḥ）（得）（三十九），曩（無）鼻娑麼（證）③（四十）。

不空：曩（na）尾你也（二合）（avidyā），曩（na）（三十三）阿尾你也（二合）諾訖叉（二合）喻（avidyākṣayo）（三十四），夜嚩（yāvan）曩（na）惹嚕拏（二合）麼嚕喃（二合）（jarāmaraṇam）（三十五），曩（na）惹嚕拏（二合）阿麼嚕喃（二合）訖叉（二合）藥（jarāmaraṇakṣayo）（三十六），曩（na）耨佉（duḥkha）三(去)母曩曳野（samudaya）寧+頁達嚕（nirodha）麼口+稜(上)誐（mārgā）（三十七），曩（na）枳孃（二合）曩(引)（jñānam），納（na）鉢囉（二合）鉢底（prāptiḥ）（三十八）。

慈贤：拏（na）尾你也（二合）（vidyā），拏（na）尾你也（二合）諾乞叉（二合）喻欲（vidyākṣayo）（五十六），拏（na）尾你也（二合）諾乞叉（二合）喻（avidyākṣayo）（五十七），夜嚩（yāvan）拏（na）惹嚕喃（五十八）摩嚕喃（二合）（jarāmaraṇam），拏（na）惹嚕喃（五十九）摩嚕喃诺乞叉（二合）喻（jarāmaraṇakṣayo）（六十），拏（na）耨佉（duḥkha）（六十一）三母驮野（samudaya）（六十二）寧+頁嚕達（nirodha）磨口+

---

① 此处“（明）”应为“（无明）”，因为前面的 na 与这里的 avidyā 连声而变成 nāvidyā。

② 此处“（明）”应为“（无明）”，原因同上。

③ 此处“曩(无)鼻娑么(证)”可以还原为 na abhisamayaḥ（“无证得”），不见于原文。而慈贤本也有此词。

陵誐(mārgā)(六十三)，拏(na)倪也（二合）喃(jñānam)(六十四)，拏(na)鉢囉（二合）鉢底(prāptiḥ)(六十五)，拏畢三磨野[①]（六十六）。

तस्माच्छारिपुत्र अप्राप्तित्वाद्बोधिसत्त्वस्य प्रज्ञापारमितामाश्रित्य विहरत्यचित्तावरणः। चित्तावरणनास्तित्वादत्रस्तो विपर्यासातिक्रान्तो निष्ठनिर्वाणः।

唐梵：哆(以)娑每(tasmāt)(無)那(所)鉢囉（二合）比底(得)（二合）怛嚩(故)(aprāptitvāt)(四十一)[②]，冒(bo)(菩)(dhi)地(提)(sa)娑(薩)(ttvasya)怛嚩（二合）喃(埵)(四十二)鉢囉(pra)(般)（二合）誐攘(jñā)(若)播(pā)(波)囉(ra)(羅)弭(mi)(蜜)多(tām)(多)(四十三)麼[③]室哩（二合）底也（二合）(āśritya)(依)尾賀(viha)(於)囉底也(rati)（二合）(住)[④](四十四)，只哆(acittā)(心)嚩(va)囉(無)(ra)(罣)拏(ṇaḥ)(礙)[⑤](四十五)。只跢(cittā)(心)嚩(無)(va)(罣)拏囉(ra)拏ṇa(礙)(四十六)，曩(nā)(無)悉底怛嚩（二合）[⑥](stitvāt)(有)那(恐)怛哩（二合）素都（二合）(atrāsto)(怖)[⑦](四十七)，尾播(vipa)(顛)哩也（二合）娑(ryāsa)(倒)底(ati)(遠)(krānto)伽蘭（二合）哆(離)[⑧](四十八)，寧(ni)(究)瑟吒(ṣṭha)(竟)寧哩也嚩（二合）(nirvā)(涅)(naḥ)喃(槃)[⑨](四十九)。

---

① “拏毕三磨野”可以还原为 na abhisamayaḥ（“无证得”）。

② 这句中的“哆(以)娑每”可以还原为 tasmāt，因而其中的“以”应移至“每”后。后面对应的原文应是 aprāptitvāt，可拆解为 a“阿”（“无”）prāpti“钵啰比底”（“得”）tvāt“怛嚩”（“故”）。

③ 此处“么”是 āśritya 的初音 ā 与前面一词的尾音 m 连声而变成 ma（“么”）。

④ 此处“尾贺啰底也”的原文是 viharati，即动词 vihṛ 的现在时态，词义为住。其中的“也”是尾音 i 与后面 acitta 的初音 a 连声而变成 ya（“也”）。

⑤ 此处按原文 acittāvaraṇaḥ 应拆解为阿 a（“无”）只哆 citta（“心”）嚩啰拏 āvaraṇaḥ（“罣碍”）。其中的 a 由于与前面的 i 连声而变成 ya，故而包含在前面的“也”中。

⑥ 此处“曩悉底怛嚩”对应的原词是 nāstitvāt，可以直接标注为“（无有）”。若要拆解，也应拆解为曩 na（“无”）阿悉底怛嚩 astitvāt（“有”）。

⑦ 此处原文 atrāsto 应拆解为阿 a（“无”）怛哩素都 trāsto（“恐怖”）。

⑧ 这句原文 viparyāsa-atikrānto 应拆解为尾播哩也娑 viparyāsa（“颠倒”）阿底 ati（“远”）伽兰哆 krānto（“离”）。其中 ati 的初音 a（“阿”）由于与前面 viparyāsa 的尾音 a 连声，故而包含在“娑”中。

⑨ 此处原文 niṣṭhanirvāṇaḥ 应拆解为 niṣṭha 宁瑟吒（“究竟”）nirvāṇaḥ 宁哩也嚩喃（“涅槃”）。

不空：室左（二合）哆澁口+奔（二合）（tasmāt）[1]那(引)鉢囉（二合）鉢底（丁以反）怛嚩（二合）（aprāptitvāt）（三十九），冒地薩怛嚩（二合）（bodhisattvasya）（四十）鉢囉（二合）枳孃（二合）播囉弭哆（prajñāpāramitām）沫室哩（二合）底也（二合）（āśritya）（四十一），尾賀(引)攞底也（二合）（viharati），唧哆阿(上)嚩囉拏 acittāvaraṇaḥ（四十二）。唧哆阿(上)嚩囉拏（二合）（四十三）曩悉底（二合）怛嚩（二合）（cittāvaraṇanāstitvāt）阿怛囉（二合），薩哆（atrāsto）（四十四），尾（入）鉢哩也（二合）娑底訖口+蘭（二合）路（入）（viparyāsātikrānto）（四十五），涅哩（二合）瑟吒（二合）你哩嚩（二合）拏(上)（niṣṭhanirvāṇaḥ）（四十六）。

慈贤：怛娑麽（二合）（tasmāt）阿鉢囉（二合）鉢底（二合）怛嚩（二合）（aprāptitvāt）（六十七），冒地薩怛嚩（二合）喃（bodhisattvasya）（四十）鉢囉（二合）倪也（二合）鉢囉弭路（prajñāpāramitām）（六十九）沫室哩[2]（二合）底也（二合）（āśritya）（七十），尾賀囉底也（二合）（viharati）（七十一），唧哆阿(上)嚩囉喃 acittāvaraṇaḥ（七十二）。唧哆嚩囉拏（二合）（七十三）拏悉底（二合）怛嚩（二合）（cittāvaraṇanāstitvāt）（七十四），那怛囉（二合）娑路（atrāsto）（七十五），吠鉢哩惹（二合）（七十六）娑底訖口+蘭（二合）路（viparyāsātikrānto）（七十七），檷瑟吒（二合）檷哩嚩（二合）拏（niṣṭhanirvāṇaḥ）（七十八）。

त्र्यध्वव्यवस्थिताः सर्वबुद्धाः प्रज्ञापारमितामाश्रित्यानुत्तरां सम्यक्सम्बोधि-मभिसम्बुद्धाः।

唐梵：底哩也（二合）（trya）（三）馱嚩（二合）（dhva）（世）[3]（五十）尾也（vya）（二合）嚩（va）（所）悉體（二合）路（sthitāḥ）（住）[4]娑嚩（sarva）（諸）沒馱（buddhāḥ）（佛）（五十一），鉢囉（pra）（般）誐攘（二合）（jñā）

① 此处原文是 tasmāt，但译音差异较大。

② 此处“哩”的原字是一个异体字，这里以唐梵本和不空本中使用的“哩”替代。

③ 此处原文 tryadhva 应拆解为底哩也 tri（“三”）驮嚩 adhva（“世”），其中的 i 和 a 连声而变成 ya（“也”）。

④ 此处“尾也嚩（所）悉体路”对应 vyavasthitāḥ，词义为住，其中的“所”应移至“住”前，即“所住”。

(若)播（pā）(波)囉（ra）(羅)弭（mi）(蜜)哆（tām）(多)(五十二)麼室哩(二合)(故)底世（āśritya）(二合)①（得)②耨③（anu）(無)路蘭（ttrām）(上)糝藐也(二合)（samyak）(等)糝（sam）(正)沒地（bodhim）(竟④)(五十三)，麼鼻糝沒馱（abhisambuddhāḥ）⑤。

不空：底哩也(二合)特嚩(二合)曩嚩悉體路（tryadhvavyavasthitāḥ）薩嚩沒馱（sarvabuddhāḥ）(四十七)鉢囉(二合)枳孃(二合)播囉弭路（prajñāpāramitām）沫室哩(二合)底也(二合)（āśritya）(四十八)阿耨哆囉（anuttrām）三(去)藐三(去)沒地（samyaksambodhim）麼鼻糝沒馱（abhisambuddhāḥ）（四十九）。

慈贤：底哩(二合)尾也(二合)嚩悉體(二合)多（tryadhvavyavasthitāḥ）（七十九）薩羅嚩沒馱（sarvabuddhāḥ）(八十)鉢囉(二合)倪也(二合)播囉弭多（prajñāpāramitām）（八十一）磨室哩(二合)底也(二合)（āśritya）(八十二)阿耨多囉（anuttrām）三藐三沒地（samyaksambodhim）（八十三）阿鼻糝沒驮（abhisambuddhāḥ）（八十四）。

तस्माज्ज्ञातव्यं प्रज्ञापारमिता महामन्त्रो महाविद्यामन्त्रोऽनुत्तरमन्त्रोऽसमसममन्त्रः सर्वदुःखप्रशमनः सत्यममिथ्यत्वात् प्रज्ञापारमितायामुक्तो मन्त्रः। तद्यथा

唐梵：哆（ta）(引)(是)娑每（smāj）(故)⑥，(二合)誐攘(二合)哆（jñāta）(應)尾演（vyaḥ）(知)⑦(五十四)鉢囉（pra）(般)誐攘(二合)

---

① 此处“么室哩(故)底世”对应原文āśritya，初音ā与前面的尾音连声而变成mā(“么”)。其中的“（故）”应为“（依）”，应移至这里的“世”后，而这个“世”应为“也”（ya）。

② 此处“得”对应这段原文最后的abhisambuddhāḥ（“么鼻糁没驮”），词义为证得，什译和奘译均为“得”。其中的“么”对应ma，这是a与前面的m连声而变成ma。

③ 此处“耨”前应添加“阿”，这样，“阿耨路兰”对应anuttrām（“无上”）。

④ 此处“竟”应为“菩提”。

⑤ 此处“么鼻糁没驮”中的“么”是bodhim的尾音m和abhisambuddhāḥ的初音a连声而变成ma（“么”）。

⑥ 此处原文tasmāj即tasmāt，属于不变词，词义为因此，故而应作为一个词，标注为“（是故）”。

⑦ 此处原文jñātavyaḥ，属于动形容词，词义为应知，故而应作为一个词，标注为“（应知）”。

（jñā）（若）播（pā）（波）囉（ra）（羅）弭（mi）（蜜）哆（tā）（多）（五十五）麼賀（引）(mahā)（大）滿怛嚕(mantro)（咒）（五十六），麼賀(引)(mahā)（大）尾儞也(vidyā)（明）（二合）(mantra)滿怛囉（咒）（五十七），阿(a)（無）耨哆囉(nuttara)（上）滿怛囉(mantro)（咒）（五十八），阿(a)（無）娑麼(sama)（等）娑底[①](sama)（等）滿怛囉（咒）（五十九），薩（sar）（一）嚩（va）（切）[②]耨佉（duḥkha）（苦）鉢囉（pra）（二合）捨（śama）（止）曩（naḥ）（息）[③]（六十），娑（sa）（真）底也(ya)（實）麼弭(mami)（不）替哩也（二合）怛嚩 thyatvāt（虛）[④]（二合）（六十一）。鉢囉（二合）（pra）（般）誐攘（jñā）（若）播（pā）（波）囉（ra）（羅）弭（mi）（蜜）哆（tāyā）（多）（六十二）目訖姤（mukto）（說）[⑤]滿怛囉（mantro）（咒）（二合），怛儞也（二合）他（tadyathā）（引）（曰）（六十三）：

不空：怛薩麼（二合）（tasmāt），枳孃（二合）怛尾焰（二合）（jñātavyaḥ）鉢囉枳孃（二合）播囉弭跢（prajñāpāramitā）（五十）麼賀滿咄嚕（mahāmantro）（五十一），麼賀尾儞也（二合）滿怛囉(mahāvidyāmantro)（五十二），阿耨哆囉滿怛囉(anuttaramantro)（五十三），阿三麼三麼滿怛囉嚩(asamasamamantro)（五十四），薩囉嚩（二合）耨欠鉢囉（二合）舍麼曩（sarvaduḥkhapraśamanaḥ）（五十五），娑底也（二合）（satyam）麼蜜體拽（二合）（五十六）怛嚩（二合）（amithyatvāt）。鉢囉（二合）枳孃播囉弭跢（prajñāpāmitām）穆屈姤（二合）（ukto）滿怛囉（二合）（mantro）（五十七），怛儞也（二合）他（tadyathā）（五十八）：

慈贤：怛薩麼（二合）（tasmāt），倪也（二合）馱尾焰（二合）（jñātavyaḥ）

---

① 此处“娑底”应为“娑么”。

② 此处“萨嚩”对应的原词是 sarva，词义为一切，故而应作为一个词，标注为“（一切）”。

③ 此处“钵啰舍曩”对应的原词是 praśamanaḥ，词义为止息或灭除，故而应作为一个词，标注为“（止息）”。

④ 此处“娑（真）底也（实）么弭（不）替哩也怛嚩（虚）”对应的原文是 satyamamithyatvāt，应拆解为 satyam“娑底也么”（“真实”）a（“不”）mithyatvāt“弭替哩也怛嚩”（“虚”）。其中的 a 与前面的 m 连声而变成 ma（“么”）。

⑤ 此处原文 prajñāpāramitāyāmukto 应拆解为 prajña（“般若”）pāramitāyām（“波罗蜜多”）ukto（“说”）。其中的“目”是 u 与前面的 m 连声而变成 mu（“目”）。

（八十五）鉢囉（二合）倪也（二合）播囉弭跢（prajñāpāramitā）（八十六）麼賀滿覩嚕（二合）（mahāmantro）（八十七），麼賀尾你也（二合）滿怛囉（mahāvidyāmantro）（八十八），阿訥哆囉滿怛囉（anuttaramantro）（八十九），阿三摩三麼滿怛囉（二合）（asamasamamantro）（九十），薩囉嚩（二合）耨佉鉢囉（二合）舍麼拏（sarvaduḥkhapraśamanaḥ）（九十一），娑底也（二合）（satyam）（九十二）麼蜜體拽（二合）怛嚩（二合）（amithyatvāt）（九十三）。鉢囉（二合）倪也（二合）播囉弭哆（prajñāpāramitām）（九十四）穆骨覩（二合）（ukto）滿怛囉（二合）（mantro）（九十五），怛你也（二合）他（tadyathā）（九十六）：

ॐ गते गते पारगते पारसंगते बोधि स्वाहा॥

唐梵：誐諦（gate），誐諦（gate）（六十四），播囉誐諦（pāragate）（六十五），播囉僧誐諦（pārasaṃgate）（六十六），冒地（bodhi）(引)，娑嚩賀（svāhā）（六十七）。

不空：唵(引)（oṃ）（五十九）誐諦（gate），誐諦（gate）（六十），播囉誐諦（pāragate）（六十一），播囉僧(去)誐諦（pārasaṃgate）（六十二），冒地（bodhi）(引)（六十三），娑嚩（二合）賀(引)（svāhā）（六十四）。

慈贤：誐諦（gate），誐諦（gate）（九十七），播囉誐諦（pāragate）（九十八），播囉僧誐諦（pārasaṃgate）（九十九），播囉娑擔[①]（一百）冒地（bodhi）（一百一），娑嚩賀（svāhā）（一百二）。

《唐梵翻對字音般若波羅蜜多心經》

不空：《梵本般若波羅蜜多心經》

慈贤：《梵本般若波羅蜜多心經》

① “播啰娑担”这个译音不见于唐梵本和不空本。

प्रज्ञापारमिताहृदयम्

（विस्तरमातृका）

（大本）

今译：般若波罗蜜多心经

月译[1]：普遍智藏般若波羅蜜多心經

般译[2]：般若波羅蜜多心經

成译[3]：般若波羅蜜多心經

智译[4]：般若波羅蜜多心經

施译[5]：佛説聖佛母般若波羅蜜多經

---

① “月译”指唐法月译。
② “般译”指唐般若共利言等译。
③ “成译”指唐法成译。
④ “智译”指辽智慧轮译。
⑤ “施译”指宋施护。

ॐ नमो भगवत्या आर्यप्रज्ञापारमितायै॥

今译：唵！向光辉崇高的般若波罗蜜多致敬！

एवं मया श्रुतम्। एकस्मिन्समये भगवान्राजगृहे विहरति स्म गृध्रकूटपर्वते महता भिक्षुसंघेन सार्धं महता च बोधिसत्त्वसंघेन।

今译：我这样听说：世尊①曾经与大比丘②僧团③和大菩萨僧团一起，住在王舍城灵鹫山④。

月译：如是我聞：一時佛在王舍大城靈鷲山中，與大比丘眾滿百千人，菩薩摩訶薩⑤七萬七千人俱⑥，其名曰觀世音菩薩、文殊師利菩薩、彌勒菩薩等以為上首，皆得三昧總持⑦，住不思議解脫⑧。爾時，觀自在菩薩摩訶薩在彼敷坐，於其眾中即從座起，詣世尊所，面向合掌，曲躬恭敬，瞻仰尊顏而白佛言："世尊！我欲於此會中，說諸菩薩普遍智藏般若波羅蜜多心。唯願世尊聽我所說，為諸菩薩宣祕法要。"爾時，世尊以妙梵音告觀自在菩薩摩訶薩言："善哉，善哉！具大悲者！聽汝所說，與諸眾生作大光明。"⑨

般译：如是我聞：一時佛在王舍城耆闍崛山中，與大比丘眾及菩薩眾俱。

成译：如是我聞：一時薄伽梵住王舍城鷲峯山中，與大苾芻⑩眾

---

① "世尊"的原词是 bhagavat，音译薄伽梵，是对佛的尊称。

② "比丘"的原词是 bhikṣu，词义为乞求者或乞食者，通常用于指称出家修行者。

③ "僧团"的原词是 saṃgha，词义为群、群体或团体，音译僧伽，或略称僧。此词也可译为僧众。

④ "灵鹫山"（gṛdhrakūṭaparvata），也译耆阇崛山或鹫峰山。

⑤ "菩萨摩诃萨"中的"摩诃萨"原词是 mahāsattva，意译大士，词义为本性崇高者或具有大能力者，通常用作菩萨的称谓。

⑥ "俱"的原词是 sārdham，词义为一起。

⑦ "三昧"也是 samādhi（"入定"）一词的音译。"三昧总持"指掌握所有三昧。

⑧ "住不思议解脱"意谓住于不可思议的解脱，指这些菩萨已经获得解脱。

⑨ 月译这段比原文多出许多，可能依据不同梵本，下面出现类似情况，不一一指出。

⑩ "苾芻"(或"苾蒭")是比丘的另一种音译。

及諸菩薩摩訶薩俱。

智译：如是我聞：一時，薄誐梵[①]住王舍城鷲峯山中，與大苾蒭眾及大菩薩眾俱。

施译：如是我聞：一時，世尊在王舍城鷲峯山中，與大苾芻眾千二百五十人俱，并諸菩薩摩訶薩眾而共圍繞。

तेन खलु पुनः समयेन भगवान्गम्भीरावभासं नाम धर्मपर्यायं भाषित्वा समाधिं समापन्नः।

今译：这时，世尊说完名为深邃光明[②]的法门，沉思入定。

月译：於是，觀自在菩薩摩訶薩蒙佛聽許，佛所護念[③]，入於慧光三昧正受[④]。

般译：時，佛世尊即入三昧，名廣大甚深。

成译：爾時，世尊等入甚深明了三摩地[⑤]法之異門[⑥]。

智译：爾時，世尊入三摩地，名廣大甚深照見。

施译：爾時，世尊即入甚深光明，宣說正法三摩地。[⑦]

तेन च समयेन आर्यावलोकितेश्वरो बोधिसत्त्वो महासत्त्वो गम्भीरायां प्रज्ञापारमितायां चर्यां चरमाण एवं व्यवलोकयति स्म। पञ्च स्कन्धास्तांश्च स्वभाव-शून्यान्व्यवलोकयति॥

---

① “薄誐梵”是薄伽梵的另一种音译。

② 此处“深邃光明”的原文由 gambhīra（“深邃”）和 avabhāsa（“光明”）组成的复合词。月译“慧光”是意译，般译“广大甚深”没有译出“光明”，成译将“光明”译为“明了”，智译将“光明”译为“照见”，而施译将这个复合词译为“甚深光明”，最为贴切。

③ “佛所护念”意谓得到佛的护持。

④ “三昧”和“正受”均指入定。

⑤ “三摩地”是 samādhi（“入定”）一词的音译，

⑥ “法之异门”的原词是 dharmaparyāya，其中 dharma 的词义为法，paryāya 的词义为方法或门径。paryāya 在汉译佛经中译为法门或异门。

⑦以上月译、般译、成译和智译均未译出原文中 bhāṣitvā（“说完”）一词，即说完深邃光明法门之后。而施译此处的“宣说”，按原文中的语法关系，应是宣说甚深光明法门。

今译：这时，圣观自在菩萨大士修行深邃般若波罗蜜多，这样观察。他观察到五蕴自性皆空。

月译：入此定已，以三昧力行深般若波羅蜜多時，照見五蘊自性皆空。

般译：爾時，眾中有菩薩摩訶薩名觀自在，行深般若波羅蜜多時，照見五蘊皆空，離諸苦厄[①]。

成译：復於爾時，觀自在菩薩摩訶薩行深般若波羅蜜多時，觀察照見五蘊體性[②]皆悉是空。

智译：時，眾中有一菩薩摩訶薩名觀世音自在，行甚深般若波羅蜜多行時，照見五蘊自性皆空。

施译：時，觀自在菩薩摩訶薩在佛會中，而此菩薩摩訶薩已能修行甚深般若波羅蜜多，觀見五蘊自性皆空。

अथायुष्माञ्छारिपुत्रो बुद्धानुभावेन आर्यावलोकितेश्वरं बोधिसत्त्वं महासत्त्वमेतदवोचत् यः कश्चित्कुलपुत्रो वा कुलदुहिता वास्यां गम्भीरायां प्रज्ञापारमितायां चर्यां चर्तुकामस्तेन कथं शिक्षितव्यम्।

今译：这时，长老[③]舍利子依靠佛的威力，对圣观自在菩萨大士说道："若有善男子或善女人[④]想要修行深邃般若波罗蜜多，他应该怎样学习？"

月译：彼了知五蘊自性皆空，從彼三昧安詳而起，即告慧命舍利弗言："善男子！菩薩有般若波羅蜜多心，名普遍智藏。汝今諦聽，善思念之。吾當為汝分別解說。"作是語已，慧命舍利弗白觀自在菩薩摩訶薩言："唯，大淨者！願為說之，今正是時。"

---

① 此处"离诸苦厄"不见于原文。

② "体性"的原词是 svabhāva，通常译为自性。

③ "长老"的原词是 āyuṣmat，词义为具寿者，这里是对长老的尊称。此词汉译佛经中也译具寿、慧命或大德。

④ "善男子"（kulaputra）和"善女人"（kuladuhitṛ）是佛经中的通行译法。若按原文直译是"高贵家族的儿子"和"高贵家族的女儿"，也可译为"良家子"和"良家女"。

般译：即時，舍利弗承佛威力，合掌恭敬白觀自在菩薩摩訶薩言：“善男子若有欲學甚深般若波羅蜜多行者，云何修行？”

成译：時，具壽舍利子承佛威力，白聖者觀自在菩薩摩訶薩曰：“若善男子欲修行甚深般若波羅蜜多者，復當云何修學？”

智译：即時，具壽舍利子承佛威神，合掌恭敬，白觀世音自在菩薩摩訶薩言：“聖者！若有欲學甚深般若波羅蜜多行，云何修行？”

施译：爾時，尊者舍利子承佛威神，前白觀自在菩薩摩訶薩言：“若善男子、善女人於此甚深般若波羅蜜多法門，樂欲修學者，當云何學？”

एवमुक्त आर्यावलोकितेश्वरो बोधिसत्त्वो महासत्त्व आयुष्मन्तं शारिपुत्रमेतदवोचत् यः कश्चिच्छारिपुत्र कुलपुत्रो वा कुलदुहिता वास्यां गम्भीरायां प्रज्ञापारमितायां चर्यां चर्तुकामस्तेनैवं व्यवलोकितव्यम्।

今译：这样说罢，圣观自在菩萨大士对长老舍利子说道：“舍利子啊，若有善男子或善女人想要修行深邃般若波罗蜜多，他应该这样观察。

月译：於斯告舍利弗：“諸菩薩摩訶薩應如是學。

般译：如是問已，爾時，觀自在菩薩摩訶薩告具壽舍利弗言：“舍利子！若善男子、善女人行甚深般若波羅蜜多行時，

成译：作是語已，觀自在菩薩摩訶薩答具壽舍利子言：“若善男子及善女人欲修行甚深般若波羅蜜多者，彼應如是觀察。

智译：如是問已，爾時，觀世音自在菩薩摩訶薩告具壽舍利子言：“舍利子！若有善男子、善女人行甚深般若波羅蜜多行時，

施译：時，觀自在菩薩摩訶薩告尊者舍利子言：“汝今諦聽，為汝宣說。若善男子、善女人樂欲修學此甚深般若波羅蜜多法門者，

पञ्च स्कन्धास्तांश्च स्वभावशून्यान्पश्यति स्म। इह शारिपुत्र रूपं शून्यता

शून्यतैव रूपम्। रूपान्न पृथक्शून्यता शून्यताया न पृथग्रूपम्। यद्रूपं सा शून्यता या शून्यता तद्रूपम्। एवमेव वेदनासंज्ञासंस्कारविज्ञानम्।

今译："他看到五蕴自性皆空。这里，舍利子啊，色即是空性，空性即是色。空性不异于色，色不异于空性。这色即是这空性，这空性即是这色。受、想、行和识也是如此。

月译："色性是空[①]，空性是色。色不異空，空不異色。色即是空，空即是色。受、想、行、識亦復如是。識性是空，空性是識。識不異空，空不異識。識即是空，空即是識。

般译："應觀五蘊性空。舍利子！色不異空，空不異色。色即是空，空即是色。受、想、行、識亦復如是。

成译："五蘊體性[②]皆空。色即是空，空即是色。色不異空，空不異色。如是受、想、行、識亦復皆空。

智译："應照見五蘊自性皆空，離諸苦厄。舍利子！色空，空性見色。色不異空，空不異色。是色即空，是空即色。受、想、行、識亦復如是。

施译："當觀五蘊自性皆空。何名五蘊自性空耶？所謂即色是空，即空是色。色無異於空，空無異於色。受、想、行、識亦復如是。

इह शारिपुत्र सर्वधर्माः शून्यतालक्षणा अनुत्पन्ना अनिरुद्धा अमला अविमला अनूना अपरिपूर्णाः।

今译："这里，舍利子啊，一切法皆是空性相，无生无灭，无垢无净，无减无增。

月译："舍利子！是諸法空相，不生不滅，不垢不淨，不增不減。

般译："舍利子！是諸法空相，不生不滅，不垢不淨，不增不減。

---

① 此处"色性是空"按原文应是色是空性。

② 此处"体性"即自性。

成译：“是故，舍利子！一切法空性無相[1]，無生無滅，無垢離垢，無減無增。

智译：“舍利子！是諸法性相空，不生不滅，不垢不淨，不減不增。

施译：“舍利子！此一切法如是空相，無所生無所滅，無垢染無清淨，無增長無損減。

तस्माच्छारिपुत्र शून्यतायां न रूपं न वेदना न संज्ञा न संस्काराः न विज्ञानं न चक्षुःश्रोत्रघ्राणजिह्वाकायमनांसि न रूपशब्दगन्धरसस्प्रष्टव्यधर्माः। न चक्षुर्धातुर्यावन्न मनोविज्ञानधातुः।

今译：“因此，舍利子啊，空性中无色，无受，无想，无行，无识，无眼、耳、鼻、舌、身和意，无色、声、香、味、触和法，无眼界，乃至无意识界。

月译：“是故，空中無色，無受、想、行、識，無眼、耳、鼻、舌、身、意，無色、聲、香、味、觸、法，無眼界乃至無意識界。

般译：“是故，空中無色，無受、想、行、識，無眼、耳、鼻、舌、身、意，無色、聲、香、味、觸、法，無眼界乃至無意識界。

成译：“舍利子！是故，爾時空性之中，無色，無受，無想，無行亦無有識。無眼，無耳，無鼻，無舌，無身，無意。無色，無聲，無香，無味，無觸，無法，無眼界乃至無意識界。

智译：“是故，空中無色，無受、想、行、識，無眼、耳、鼻、舌、身、意，無色、聲、香、味、觸、法，無眼界乃至無意識界。

施译：“舍利子！是故，空中無色，無受、想、行、識，無眼、耳、鼻、舌、身、意，無色、聲、香、味、觸、法，無眼界，無眼識界，乃至無意界，無意識界。

---

① 此处“空性无相”和智译“性相空”与原文接近。

न विद्या नाविद्या न विद्याक्षयो नाविद्याक्षयो यावन्न जरामरणं न जरामरणक्षयो न दुःखसमुदयनिरोधमार्गा न ज्ञानं न प्राप्तिर्नाप्राप्तिः।

今译："无明，无无明，无明灭尽，无无明灭尽，乃至无老死，无老死灭尽，无苦集灭道，无智，无得，无无得。

月译："無無明，亦無無明盡，乃至無老死，亦無老死盡，無苦、集、滅、道，無智，亦無得。

般译："無無明，亦無無明盡，乃至無老死，亦無老死盡，無苦、集、滅、道，無智，亦無得。

成译："無無明，亦無無明盡，乃至無老死，亦無老死盡，無苦、集、滅、道，無智，無得，亦無不得①。

智译："無無明，亦無無明盡，乃至無老死盡，無苦、集、滅、道，無智證，無得。

施译："無無明，無無明盡，乃至無老死，亦無老死盡，無苦、集、滅、道，無智，無所得，亦無無得。

तस्माच्छारिपुत्र अप्राप्तित्वाद्बोधिसत्त्वस्य प्रज्ञापारमितामाश्रित्य विहरत्यचित्तावरणः। चित्तावरणनास्तित्वादत्रस्तो विपर्यासातिक्रान्तो निष्ठनिर्वाणः।

今译："舍利子啊，由于无得，依靠菩萨的般若波罗蜜多，住于其中，心无障碍。心无障碍，也就无恐怖，远离颠倒，最终涅槃。

月译："以無所得故，菩提薩埵②依般若波羅蜜多故，心無罣礙。無罣礙故，無有恐怖，遠離顛倒夢想，究竟涅槃。

般译："以無所得故，菩提薩埵依般若波羅蜜多故，心無罣礙。無罣礙故，無有恐怖，遠離顛倒夢想，究竟涅槃。

成译："是故，舍利子！以無所得故，諸菩薩眾依止般若波羅蜜多，心無障礙，無有恐怖，超過顛倒，究竟涅槃。

---

① 此处"无不得"和施译"无无得"与原文一致。

② "菩提萨埵"是 bodhisattva 的音译，略称菩萨。

智译："以無所得故，菩提薩埵依般若波羅蜜多住，心無障礙。心無障礙故，無有恐怖，遠離顛倒夢想，究竟寂然[1]。

施译："舍利子！由是無得故，菩薩摩訶薩依般若波羅蜜多相應行故，心無所著，亦無罣礙。以無著無礙故，無有恐怖，遠離一切顛倒妄想，究竟圓寂。

त्र्यध्वव्यवस्थिताः सर्वबुद्धाः प्रज्ञापारमितामाश्रित्यानुत्तरां सम्यक्सम्बोधिमभिसम्बुद्धाः। तस्माज्ज्ञातव्यं।

今译："住于三世的一切佛依靠般若波罗蜜多觉知无上正等菩提。

月译："三世諸佛依般若波羅蜜多故，得阿耨多羅三藐三菩提。

般译："三世諸佛依般若波羅蜜多故，得阿耨多羅三藐三菩提。

成译："三世一切諸佛亦皆依般若波羅蜜多故，證得無上正等菩提。

智译："三世諸佛依般若波羅蜜多故，得阿耨多羅三藐三菩提，現成正覺。

施译："所有三世諸佛依此般若波羅蜜多故，得阿耨多羅三藐三菩提。

तस्माज्ज्ञातव्यं। प्रज्ञापारमिता महामन्त्रो महाविद्यामन्त्रोऽनुत्तरमन्त्रोऽसमसममन्त्रः सर्वदुःखप्रशमनः सत्यममिथ्यत्वात्।

今译："因此，应该知道般若波罗蜜多是大咒，大明咒，无上咒，无等等咒，能灭除一切苦，真实不虚。

月译："故知般若波羅蜜多是大神咒，是大明咒，是無上咒，是無等等咒，能除一切苦，真實不虛。

般译："故知般若波羅蜜多是大神咒，是大明咒，是無上咒，是無等等咒，能除一切苦，真實不虛。

---

① 此处"寂然"和施译"圆寂"是涅槃（nirvāṇa）的两种意译。

成译："舍利子！是故當知般若波羅蜜多大密咒者，是大明咒，是無上咒，是無等等咒，能除一切諸苦之咒，真實無倒。

智译："故知般若波羅蜜多是大真言[1]，是大明真言，是無上真言，是無等等真言，能除一切苦，真實不虛。

施译："是故，應知般若波羅蜜多是廣大明[2]，是無上明，是無等等明，而能息除一切苦惱，是即真實無虛妄法，諸修學者當如是學。

प्रज्ञापारमितायामुक्तो मन्त्रः। तद्यथा ॐ गते गते पारगते पारसंगते बोधि स्वाहा।

今译："般若波罗蜜多中所说的咒如下：唵！去吧！去吧！去往彼岸！一起去往彼岸！菩提，萨婆诃！"

月译："故說般若波羅蜜多咒。"即說咒曰："揭諦，揭諦，波羅揭諦，波羅僧揭諦，菩提，莎婆訶！

般译："故說般若波羅蜜多咒。"即說咒曰："糵諦，糵諦，波羅糵諦，波羅僧糵諦，菩提，娑婆訶！

成译："故知般若波羅蜜多是祕密咒。"即說般若波羅蜜多咒曰："峩帝，峩帝，波囉峩帝，波囉僧峩帝，菩提，莎訶！

智译："故說般若波羅蜜多真言。"即說真言："唵(引)！誐帝，誐帝，播(引)囉誐帝，播(引)囉散誐帝，冒(引)地，娑縛（二合）賀(引)！

施译："我今宣說般若波羅蜜多大明曰："怛寧+也（切身）他（引一句）[3]，唵(引)！誐帝(引)，誐帝（引引二），播(引)囉誐帝，（引三）播(引)囉僧誐帝（引四），冒提，莎(引)賀（引五）！

एवं शारिपुत्र गम्भीरायां प्रज्ञापारमितायां चर्यायां शिक्षितव्यं बोधिसत्त्वेन॥

---

① "真言"是咒（mantra）的另一种译名。

② "明"也是咒（mantra）的另一种译名。

③ 此处"怛宁+也（切身）他（引一句）"对应原文中的 tadyathā（"正是这样"、"如下"或"即"），不属于咒语部分。

今译："舍利子啊，菩萨应该这样学习修行深邃般若波罗蜜多。"

月译：（缺）[1]

般译："如是，舍利弗！諸菩薩摩訶薩於甚深般若波羅蜜多行，應如是行。"

成译："舍利子！菩薩摩訶薩應如是修學甚深般若波羅蜜多。"

智译："如是，舍利子！諸菩薩摩訶薩於甚深般若波羅蜜多行，應如是學。"

施译："舍利子！諸菩薩摩訶薩若能誦是般若波羅蜜多明句，是即修學甚深般若波羅蜜多。"

अथ खलु भगवान्तस्मात्समाधेर्व्युत्थाय आर्यावलोकितेश्वराय बोधिसत्त्वाय महासत्त्वाय साधुकारमदात्।

今译：这时，世尊从入定中起身，称赞圣观自在菩萨大士：

月译：（缺）

般译：如是說已，即時，世尊從廣大甚深三摩地起，讚觀自在菩薩摩訶薩言：

成译：爾時，世尊從彼定起，告聖者觀自在菩薩摩訶薩曰：

智译：爾時，世尊從三摩地安祥而起，讚觀世音自在菩薩摩訶薩言：

施译：爾時，世尊從三摩地安詳而起，讚觀自在菩薩摩訶薩言：

साधु साधु कुलपुत्र एवमेतत्कुलपुत्र एवमेतद्गम्भीरायां प्रज्ञापारमितायां चर्यां चर्तव्यं यथा त्वया निर्दिष्टम्। अनुमोद्यते सर्वतथागतैरर्हद्भिः॥

今译："很好，很好，善男子啊，正是这样！善男子啊，正是这样！应该像你指出的这样修行深邃般若波罗蜜多。所有如来、阿罗汉

① 此处及以下两处文字不见于月译。

都会赞同欢喜。”

月译：（缺）

般译：“善哉，善哉！善男子！如是，如是！如汝所說，甚深般若波羅蜜多行應如是行。如是行時，一切如來皆悉隨喜。”

成译：“善哉，善哉！善男子！如是，如是！如汝所說，彼當如是修學般若波羅蜜多，一切如來亦當隨喜。”

智译：“善哉，善哉！善男子！如是，如是！如汝所說，甚深般若波羅蜜多行應如是行。如是行時，一切如來悉皆隨喜。”

施译：“善哉，善哉！善男子！如汝所說，如是，如是！般若波羅蜜多當如是學，是即真實最上究竟，一切如來亦皆隨喜。”

इदमवोचद्भगवान्। आत्तमना आयुष्माञ्छारिपुत्र आर्यावलोकितेश्वरो बोधिसत्त्वो महासत्त्वस्ते च भिक्षवस्ते च बोधिसत्त्वा महासत्त्वाः सा च सर्वावती पर्षत्सदेवमानुषासुरगरुडगन्धर्वश्च लोको भगवतो भाषितमभ्यनन्दन्निति॥

今译：世尊这样说完，喜悦的长老舍利子，圣观自在菩萨大士，众比丘和菩萨大士，整个集会，整个世界的天神、凡人、阿修罗[①]、揭路荼[②]和健达缚[③]都对世尊所说表示欢迎。

月译：佛說是經已，諸比丘及菩薩眾，一切世間天、人、阿修羅、乾闥婆等聞佛所說，皆大歡喜，信受奉行。

般译：爾時，世尊說是語已，具壽舍利弗大喜充遍，觀自在菩薩摩訶薩亦大歡喜。時彼眾會天、人、阿修羅、乾闥婆等聞佛所說，皆大歡喜，信受奉行。

成译：時，薄伽梵說是語已，具壽舍利子，聖者觀自在菩薩摩訶薩，一切世間天、人、阿蘇羅[④]、乾闥婆等聞佛所說，皆大歡喜，信受

① “阿修罗”（asura）是天国中的魔。
② “揭路荼”是 garuḍa（“金翅鸟”）一词的音译。
③ “健达缚”（gandharva）也译“乾闼婆”，指天国歌舞伎。
④ “阿苏罗”是阿修罗的另一种音译。

奉行。

智译：爾時，世尊如是說已，具壽舍利子，觀世音自在菩薩，及彼眾會一切世間天、人、阿蘇囉、巘馱嚩[①]等，聞佛所說，皆大歡喜，信受奉行。

施译：佛說此經已，觀自在菩薩摩訶薩并諸苾芻，乃至世間天、人、阿修羅、乾闥婆等一切大眾，聞佛所說，皆大歡喜，信受奉行。

इति आर्यप्रज्ञापारमिताहृदयं समाप्तम्॥

今译：《圣般若波罗蜜多心经》终

月译：《普遍智藏般若波羅蜜多心經》

般译：《般若波羅蜜多心經》

成译：《般若波羅蜜多心經》

智译：《般若波羅蜜多心經》

施译：《佛說聖佛母般若波羅蜜多經》

---

① “巘驮嚩”是健达缚（或乾闼婆）的另一种音译。

金刚经

वज्रच्छेदिका प्रज्ञापारमिता

今译：金刚能断般若波罗蜜多经

什译[①]：金剛般若波羅蜜經

菩译[②]：金剛般若波羅蜜經

留译[③]：金剛般若波羅蜜經

谛译[④]：金剛般若波羅蜜經

笈译[⑤]：金剛能斷般若波羅蜜經

奘译[⑥]：能斷金剛般若波羅蜜多經

义译[⑦]：佛説能斷金剛般若波羅蜜多經

① “什译”指后秦鸠摩罗什译。
② “菩译”指元魏菩提流支译。
③ “留译”指元魏留支（即菩提流支的另一译名菩提留支的略称）译。
④ “谛译”指陈真谛译。
⑤ “笈译”指隋笈多（即达摩笈多的略称）译。
⑥ “奘译”指唐玄奘译。
⑦ “义译”指唐义净译。

नमो भगवत्या आर्यप्रज्ञापारमितायै॥

今译：向光辉崇高的般若波罗蜜多致敬！

एवं मया श्रुतम्। एकस्मिन्समये भगवाञ्छ्रावस्त्यां विहरति स्म जेतवनेऽनाथपिण्डदस्यारामे महता भिक्षुसंघेन सार्द्धमर्धत्रयोदशभिर्भिक्षुशतैः संबहुलैश्च बोधिसत्त्वैर्महासत्त्वैः। अथ खलु भगवान्पूर्वाह्णकालसमये निवास्य पात्रचीवरमादाय श्रावस्तीं महानगरीं पिण्डाय प्राविक्षत्।

今译：我这样听说：世尊①曾经与大比丘僧团，一千二百五十比丘和许多菩萨大士，住在舍卫城②胜林给孤独园③中。这天上午，世尊穿好衣服，拿上衣钵，进入舍卫城乞食。

什译：如是我闻：一時，佛在舍衛國衹樹給孤獨園，與大比丘眾千二百五十人俱。爾時，世尊食時，著衣持鉢，入舍衛大城乞食。

菩译：如是我聞：一時，婆伽婆在舍婆提城衹樹給孤獨園，與大比丘眾千二百五十人俱。爾時，世尊食時，著衣持鉢，入舍婆提大城乞食。

留译：如是我聞：一時，佛婆伽婆住舍衛國衹陀樹林給孤獨園，與大比丘眾千二百五十人俱。爾時，世尊於日前分④，著衣持鉢，入舍衛大國而行乞食。

谛译：如是我聞：一時，佛婆伽婆住舍衛國衹陀樹林給孤獨園，與大比丘眾千二百五十人俱。爾時，世尊於日前分，著衣持鉢，入舍衛大國而行乞食。

---

① “世尊”是对佛的尊称，原词是 bhagavat，词义为光辉的，尊敬的，音译通常为薄伽梵，也译婆伽婆。

② “舍卫城”（śrāvastī）也译舍婆提或室罗筏。

③ “给孤独”（anāthapiṇḍada）是舍卫城中一位富有的商人，以乐善好施著称，得名给孤独长者。他聆听佛陀说法后，皈依佛教。他以重金买下胜林（jetavana）花园（也译祇园、祇树、祇陀树林、誓多林或战胜林）赠送给佛陀以及僧众居住。

④ “日前分”的原词是 pūrvāhṇa，词义为前半天，即上午。

笈译：如是我聞：一時，世尊聞者①遊行勝林中，無親摶施與②園中，大比丘眾共半三十③比丘百。爾時，世尊前分時，上裙著已④，器上絡衣⑤持，聞者大城摶為⑥入。⑦

奘译：如是我聞：一時，薄伽梵在室羅筏住誓多林給孤獨園，與大苾芻眾千二百五十人俱。爾時，世尊於日初分，整理常服，執持衣鉢，入室羅筏大城乞食。

义译：如是我聞：一時，薄伽梵在名稱大城⑧戰勝林施孤獨園，與大苾芻眾千二百五十人俱，及大菩薩眾。爾時，世尊於日初分時，著衣持鉢，入城乞食。

अथ खलु भगवाञ्छ्रावस्तीं महानगरीं पिण्डाय चरित्वा कृतभक्तकृत्यः पश्चाद्भक्तपिण्डपातप्रतिक्रान्तः पात्रचीवरं प्रतिशाम्य पादौ प्रक्षल्य न्यषीदत्प्रज्ञप्त एवासने पर्यङ्कमाभुज्य ऋजुं कायं प्रणिधाय प्रतिमुखीं स्मृतिमुपस्थाप्य।

今译：这时，世尊在舍卫城中行走乞食。乞得食物后，返回原处进食。然后，收起衣钵，洗净双脚，坐在备好的座位上，盘起双腿，端正身子，专心忆念⑨。

什译：於其城中次第乞已，還至本處。飯食訖，收衣鉢，洗足已，

---

① “闻者”对应 śrāvastī（“舍卫城”），可能因为此词由动词 śru 引申出的名词 śrava（“听取”）、śravas（“耳朵”、“名声”）和 śrāva（“听取”）读音有相似处，而将这个城市名译为“闻者”。

② “无亲抟施与”对应 anāthapiṇḍada（“给孤独”），其中，“无亲”对应 anātha，即孤苦无助者，“抟”对应 piṇḍa，即饭团或食物，“施与”对应 da，即给予。

③ “半三十”对应 ardhatrayodaśa，即十三减去半十，也就是十二个半。此词与后面的“百”合成“一千二百五十”。

④ “上裙著已”对应 nivāsya，即穿衣。

⑤ “器上络衣”对应 pātracīvara，其中，“器”对应 pātra，即钵；“上络衣”对应 cīvara，即上衣或衣服。

⑥ “抟为”对应 piṇḍāya，即 piṇḍa（“食物”）一词的为格，意谓为了乞食。

⑦ 笈译的译文基本上依照梵语原文的词序译出，只要对照原文及其他汉译本便可辨认。

⑧ “名称大城”指舍卫城，这个译名与笈译“闻者”相似。

⑨ “忆念”（smṛti，或译“念”）指回想、沉思或观想。作为一种禅观方式，通常称作“四念处”，即于身观身，于受观受，于心观心，于法观法。“专心忆念”按原文直译是“安住前面的（或面对的）忆念”。

敷座而坐[①]。

菩译：於其城中次第乞食已，還至本處。飯食訖，收衣鉢，洗足已，如常敷座，結加趺坐，端身而住，正念不動。

留译：於其國中次第行已，還至本處。飯食事訖，於中後時，收衣鉢，洗足已，如常敷座，跏趺安坐，端身而住，正念現前。

谛译：於其國中次第行乞，還至本處。飯食事訖，於中後時，收衣鉢，洗足已，如常敷座，加趺安坐，端身而住，正念現前。

笈译：爾時，世尊聞者大城摶為行已，作已食，作已後食，摶墮過[②]，器上絡衣收攝，兩足洗，坐具世尊施設，如是座中跏趺[③]結[④]，直身作現前念近住。

奘译：時，薄伽梵於其城中行乞食已，出還本處。飯食訖，收衣鉢，洗足已，於食後時，敷如常座，結跏趺坐，端身正願，住對面念。

义译：次第乞已，還至本處。飯食訖，收衣鉢，洗足已，於先設座加趺端坐，正念而住。

अथ खलु संबहुला भिक्षवो येन भगवांस्तेनोपसंक्रमन्। उपसंक्रम्य भगवतः पादौ शिरोभिरभिवन्द्य भगवन्तं त्रिष्प्रदक्षिणीकृत्य एकान्ते न्यषीदन्॥ १॥

今译：这时，许多比丘来到世尊这里。来到后，俯首向世尊行触足礼，右绕世尊三匝后，坐在一旁。

什译：（缺）[⑤]

菩译：爾時，諸比丘來詣佛所，到已，頂禮佛足，右遶三匝，退坐一面。

---

① 什译略去这句最后一个短语。

② “抟堕过”对应 piṇḍapātapratikrānta（“乞得食物后返回”），其中，“抟”对应 piṇḍa，即食物，“堕”对应 pāta，即落下、坠落或获得，“过”对应 pratikrānta，即返回。

③ “跏趺”对应 paryaṅka，即盘腿而坐的坐姿。

④ “结”对应 ābhujya，即弯曲，也就是盘腿。

⑤ 什译略去这一句。

留译：時，諸比丘俱往佛所，至佛所已，頂禮佛足，右遶三匝，却坐一面。

谛译：時，諸比丘俱往佛所，至佛所已，頂禮佛足，右遶三匝，却坐一面。

笈译：爾時，多比丘若世尊彼詣到已[①]，世尊兩足頂禮，世尊邊三右繞作已，一邊坐。

奘译：時，諸苾芻來詣佛所，到已，頂禮世尊雙足，右遶三匝，退坐一面。

义译：時，諸苾芻來詣佛所，頂禮雙足，右繞三匝，退坐一面。

तेन खलु पुनः समयेनायुष्मान्सुभूतिस्तस्यामेव पर्षदि संनिपतितोऽभूत्संनिषण्णः। अथ खल्वायुष्मान्सुभूतिरुत्थायासनादेकांसमुत्तरासङ्गं कृत्वा दक्षिणं जानुमण्डलं पृथिव्यां प्रतिष्ठाप्य येन भगवांस्तेनाञ्जलिं प्रणम्य भगवन्तमेतदवोचत्।

今译：这时，长老[②]须菩提[③]也参与这个集会，坐在那里。这时，长老须菩提从座位上站起，上衣偏覆一肩[④]，右膝着地，向世尊合掌致敬后，对世尊说道：

什译：時，長老須菩提在大眾中即從座起，偏袒右肩，右膝著地，合掌恭敬而白佛言：

菩译：爾時，慧命須菩提在大眾中即從座起，偏袒右肩，右膝著地，向佛合掌，恭敬而立，白佛言：

留译：爾時，淨命須菩提於大眾中共坐聚集。時，淨命須菩提即從座起，偏袒右肩，頂禮佛足，右膝著地，向佛合掌而白佛言：

---

① 这句中的"若"和"彼"对应 yena 和 tena，均为指示代词的具格，用于表示地点和对象，此处指来到世尊这里。

② "长老"是对年长的佛弟子的尊称，原词是 āyuṣmat，词义为具寿者。此词作为尊称，也译慧命或净命。

③ "须菩提"（subhūti）是佛弟子。这个名字也意译善实、善现或妙生。

④ "偏覆一肩"指袈裟衣覆盖左肩，而偏袒右肩，这是一种表达尊敬的仪轨。

谛译：爾時，淨命須菩提於大眾中共坐聚集。時，淨命須菩提即從座起，偏袒右肩，頂禮佛足，右膝著地，向佛合掌而白佛言：

笈译：彼[①]復時，命者善實，彼所[②]如是眾聚集會坐。爾時，命者善實起坐。一肩上著[③]作已，右膝輪[④]地著已，若世尊彼合掌，向世尊邊如是言：

奘译：具壽善現亦於如是眾會中坐。爾時，眾中具壽善現從座而起，偏袒一肩，右膝著地，合掌恭敬而白佛言：

义译：爾時，具壽妙生在大眾中承佛神力[⑤]，即從座起，偏袒右肩，右膝著地，合掌恭敬白佛言：

आश्चर्यं भगवन्परमाश्चर्यं सुगत यावदेव तथागतेनार्हता सम्यक्संबुद्धेन बोधिसत्त्वा महासत्त्वा अनुपरिगृहीताः परमेणानुग्रहेण। आश्चर्यं भगवन्यावदेव तथागतेनार्हता सम्यक्संबुद्धेन बोधिसत्त्वा महासत्त्वाः परीन्दिताः परमया परीन्दनया। तत्कथं भगवन् बोधिसत्त्वयानसंप्रस्थितेन कुलपुत्रेण वा कुलदुहित्रा वा स्थातव्यं कथं प्रतिपत्तव्यं कथं चित्तं प्रग्रहीतव्यम्।

今译：“奇妙啊，世尊！绝顶奇妙啊，善逝[⑥]！如来、阿罗汉、正等觉[⑦]确实给予众菩萨大士最大的护持。奇妙啊，世尊！如来、阿罗汉、正等觉确实赋予众菩萨大士最高的嘱托。那么，世尊！发愿奉行菩萨乘的善男子或善女人应该如何安住？应该如何修行？应该如何调伏

① 此处“彼”对应 tena，即指示代词的具格，修饰“时”，即这时。

② 此处“彼所”对应 tasyām，即指示代词的属格，修饰“众聚集会”，即在众聚集会中。

③ “上著”对应 uttarāsaṅga，“上”对应 uttara，“著”对应 āsaṅga，这个复合词的词义为上衣。

④ “膝轮”对应 jānumaṇḍala，其中“膝”对应 jānu，“轮”对应 maṇḍala，即圆形或圆轮，这个复合词的词义为膝盖。

⑤ 此处“承佛神力”不见于原文。

⑥ “善逝”（sugata）是佛的称号，意谓摆脱生死轮回，到达涅槃彼岸。

⑦ “如来”、“阿罗汉”和“正等觉”常常连用而作为对佛的尊称。其中，“如来”（tathāgata）可以拆解为 tathā（“如此”，“如实”）和 āgata（“来”），即如此或如实而来，也就是沿着真实的道路而来，或沿着与过去佛同样的道路而来。“阿罗汉”（arahat，也译“应供”或“应”）是在早期佛教中修行达到四个阶位（预流、一来、不还和阿罗汉）中最高阶位者。“正等觉”（samyaksambuddha，也译“正遍知”或“正遍觉知”）指正确而完全的觉悟者。

心？”

什译：“希有！世尊！如來善護念諸菩薩，善付囑諸菩薩。世尊！善男子、善女人發阿耨多羅三藐三菩提心，應云何住？云何降伏其心？”[①]

菩译：“希有！世尊！如來、應供、正遍知善護念諸菩薩，善付囑諸菩薩。世尊！云何菩薩大乘中發阿耨多羅三藐三菩提心？應云何住？云何修行？云何降伏其心？”

留译：“希有，世尊！如來、應供、正遍覺知善護念諸菩薩摩訶薩，由無上利益[②]故；善付囑諸菩薩摩訶薩，由無上教[③]故。世尊！若善男子、善女人發阿耨多羅三藐三菩提心，行菩薩乘，云何應住？云何修行？云何發起菩薩心？”

谛译：“希有，世尊！如來、應供、正遍覺知善護念諸菩薩摩訶薩，由無上利益故；善付囑諸菩薩摩訶薩，由無上教故。世尊！若善男子、善女人，發阿耨多羅三藐三菩提心，行菩薩乘，云何應住？云何修行？云何發起菩薩心？”

笈译：“希有，世尊！乃至所有如來、應、正遍知，菩薩摩訶薩順攝最勝順攝[④]，乃至[⑤]所有如來、應、正遍知，菩薩摩訶薩付囑最勝付囑。彼云何，世尊！菩薩乘發行住應？云何修行應？云何心降伏應？”

奘译：“希有！世尊！乃至如來、應、正等覺能以最勝攝受，攝受諸菩薩摩訶薩，乃至如來、應、正等覺能以最勝付囑，付囑諸菩薩

① 什译这段简化原文。什译中此类情况很多，下面不一一指出，因为对照原文即可见出。

② 此处“无上利益”即无上护念。

③ 此处“无上教”即无上付嘱。

④ 这句中两个“顺摄”，前一个“顺摄”对应 anuparigrīta，是过去分词，anu 是前缀，表示依随或随顺，parigrīta 的词义为摄持或护持。故而，此词的词义为护持或恩宠。后一个“顺摄”对应 anugraha，是名词。下一句中的两个“付嘱”也是同样情况。

⑤ 此处“乃至”对应 yāvat eva，是不变词，表示正是这样，确实。

摩訶薩。世尊！諸有發趣菩薩乘者應云何住？云何修行？云何攝伏其心？”

义译：“希有！世尊！希有！善逝。如來、應、正等覺能以最勝利益益諸菩薩，能以最勝付囑囑諸菩薩。世尊！若有發趣菩薩乘者，云何應住？云何修行？云何攝伏其心？”

एवमुक्ते भगवानायुष्मन्तं सुभूतिमेतदवोचत्-- साधु साधु सुभूते एवमेतद्यथा वदसि। अनुपरिगृहीतास्तथागतेन बोधिसत्त्वा महासत्त्वाः परमेणानुग्रहेण। परीन्दितास्तथागतेन बोधिसत्त्वा महासत्त्वाः परमया परीन्दनया। तेन हि सुभूते शृणु साधु च सुष्ठु च मनसिकुरु भाषिष्येऽहं ते-- यथा बोधिसत्त्वयानसंप्रस्थितेन स्थातव्यं यथा प्रतिपत्तव्यं यथा चित्तं प्रग्रहीतव्यम्। एवं भगवन्नित्यायुष्मान्सुभूतिर्भगवतः प्रत्यश्रौषीत्॥२॥

今译：这样说罢，世尊对长老须菩提说道：“很好，很好！须菩提啊，正像你说的这样。如来给予众菩萨大士最大的护持。如来赋予众菩萨大士最高的嘱托。因此，须菩提啊，请你好好用心听着，我要为你讲述发愿奉行菩萨乘者应该这样安住，应该这样修行，应该这样调伏心。”长老须菩提回答世尊说：“好吧，世尊！”

什译：佛言：“善哉，善哉！須菩提！如汝所說，如來善護念諸菩薩，善付囑諸菩薩。汝今諦聽，當為汝說。善男子、善女人發阿耨多羅三藐三菩提心，應如是住，如是降伏其心。”“唯然，世尊！願樂欲聞。”

菩译：爾時，佛告須菩提：“善哉，善哉！須菩提！如汝所說，如來善護念諸菩薩，善付囑諸菩薩。汝今諦聽，當為汝說。如菩薩大乘中發阿耨多羅三藐三菩提心，應如是住，如是修行，如是降伏其心。”須菩提白佛言：“世尊！如是，願樂欲聞。”

留译：淨命須菩提作是問已，爾時，世尊告須菩提：“須菩提！善哉，善哉！如是，善男子！如來善護念諸菩薩摩訶薩，無上利益故；善付囑諸菩薩摩訶薩，無上教故。須菩提！是故，汝今一心諦聽，恭敬，善思念之，我今當為汝說。如菩薩發菩提心，行菩薩乘，如是應住，如是修行，如是發心。”須菩提言：“唯然，世尊！”

谛译：淨命須菩提作是問已，爾時，世尊告須菩提：“須菩提！善哉，善哉！如是，善男子！如來善護念諸菩薩摩訶薩，無上利益故；善付囑諸菩薩摩訶薩，無上教故。須菩提！是故，汝今一心諦聽，恭敬，善思念之，我今當為汝說。如菩薩發菩提心，行菩薩乘，如是應住，如是修行，如是發心。”須菩提言：“唯然，世尊！”

笈译：如是語已，世尊命者善實邊如是言：“善，善！善實！如是，如是！善實！如是，如是！順攝如來菩薩摩訶薩最勝順攝，付囑如來菩薩摩訶薩最勝付囑。彼，善實！聽善，善意念作，說當如菩薩乘發行住應，如修行應，如心降伏應。”“如是，世尊！”命者善實：“世尊邊願欲聞。”

奘译：作是語已，爾時，世尊告具壽善現曰：“善哉！善哉！善現！如是！如是！如汝所說，乃至如來、應、正等覺能以最勝攝受，攝受諸菩薩摩訶薩，乃至如來、應、正等覺能以最勝付囑，付囑諸菩薩摩訶薩。是故，善現！汝應諦聽，極善作意，吾當為汝分別解說，諸有發趣菩薩乘者，應如是住，如是修行，如是攝伏其心。”具壽善現白佛言：“如是！如是！世尊！願樂欲聞！”

义译：佛告妙生：“善哉，善哉！如是，如是！如汝所說，如來以勝利益益諸菩薩，以勝付囑囑諸菩薩。妙生！汝應諦聽，極善作意，吾當為汝分別解說。若有發趣菩薩乘者，應如是住，如是修行，如是攝伏其心。”妙生言：“唯然，世尊！願樂欲聞。”

भगवानेतदवोचत्-- इह सुभूते बोधिसत्त्वयानसंप्रस्थितेनैवं चित्तमुत्पादयितव्यम्-- यावन्तः सुभूते सत्त्वाः सत्त्वधातौ सत्त्वसंग्रहेण संगृहीता अण्डजा वा जरायुजा वा संस्वेदजा वौपपादुका वा रूपिणो वारूपिणो वा संज्ञिनो वासंज्ञिनो वा नैव संज्ञिनो नासंज्ञिनो वा यावन् कश्चित्सत्त्वधातुः प्रज्ञप्यमानः प्रज्ञप्यते ते च मया सर्वेऽनुपधिशेषे निर्वाणधातौ परिनिर्वापयितव्याः।

今译：世尊说道："这里，须菩提啊，发愿奉行菩萨乘者应该产生这样的心。须菩提啊，总称为众生的众生界所有众生：卵生的、胎生的、湿生的或化生的，有色的或无色的，有想的、无想的或非有想非无想的[①]，乃至被称为众生界的任何众生，我都应该让他们全都进入无余涅槃界，达到般涅槃[②]。

什译：佛告須菩提："諸菩薩摩訶薩應如是降伏其心。所有一切衆生之類，若[③]卵生，若胎生，若濕生，若化生，若有色，若無色，若有想，若無想，若非有想非無想，我皆令入無餘涅槃而滅度[④]之。

菩译：佛告須菩提："諸菩薩生如是心：'所有一切衆生，衆生所攝[⑤]，若卵生，若胎生，若濕生，若化生，若有色，若無色，若有想，若無想，若非有想非無想，所有衆生界，衆生所攝，我皆令入無餘涅槃而滅度之。'

留译：佛告須菩提："須菩提！若善男子、善女人發菩提心行菩薩乘，應如是發心：'所有一切衆生類攝，若卵生，若胎生，若濕生，若化生，若有色，若無色，若有想，若無想，若非有想，若非無想，乃至衆生界及假名説[⑥]，如是衆生，我皆安置於無餘涅槃。'

谛译：佛告須菩提："須菩提！善男子、善女人發菩提心，行菩薩乘，應如是發心：'所有一切衆生類攝，若卵生，若胎生，若濕生，

① 佛教将世界分为欲界、色界和无色界。卵生、胎生、湿生和化生属于欲界。"卵生"指破卵壳而生。"胎生"指破胎膜而生。"湿生"指生于腐物、沼泽或湿地。"化生"指升入天国或堕入地狱。"色界"是离欲的天神世界。有想、无想和非有想非无想属于无色（即没有形体）的天神世界。"有想"指已经摆脱欲和色，但仍有想。"无想"指摆脱想。"非有想非无想"（非想非非想）指摆脱想和无想。

② "涅槃"分成有余涅槃和无余涅槃。"有余"指还剩有生存基础（upadhi），即"五蕴"。"无余"指完全摆脱生存基础。"有余"和"无余"也译"有余依"和"无余依"，其中的"依"指"生存基础"。"般涅槃"指完全涅槃。

③ 这里连续使用的"若"对应原文中的 vā，词义为或者。

④ 此处"灭度"按原文指"达到般涅槃"。

⑤ "所摄"的原词是 saṅgraha，词义为掌握、聚集、囊括或总称。

⑥ "假名说"对应 prajñāpyamānaḥ prajñāpte，词义为被认为、被指出、被称为或被命名。此处笈译"施设"，奘译"施设所施设"。

若化生，若有色，若無色，若有想，若無想，若非有想，若非無想，乃至眾生界及假名說，如是眾生，我皆安置於無餘涅槃。’

笈译：世尊於此言：“此，善實！菩薩乘發行，如是心發生應：‘所有，善實！眾生，眾生攝攝已，卵生若，胎生若，濕生若，化生若，色若，無色若，想若，無想若，非想非無想[①]，所有眾生界施設已，彼我一切無受餘涅槃[②]界滅度應。’

奘译：佛言：“善現！諸有發趣菩薩乘者，應當發起如是之心：‘所有諸有情，有情攝所攝，若卵生，若胎生，若濕生，若化生，若有色，若無色，若有想，若無想，若非有想、非無想，乃至有情界施設所施設。如是一切，我當皆令於無餘依妙涅槃界而般涅槃。’

义译：佛告妙生：“若有發趣菩薩乘者，當生如是心：‘所有一切眾生之類，若卵生、胎生、濕生、化生，若有色、無色、有想、無想、非有想、非無想，盡諸世界所有眾生，如是一切，我皆令入無餘涅槃而滅度之。’

एवमपरिमाणानपि सत्त्वान्परिनिर्वाप्य न कश्चित्सत्त्वः परिनिर्वापितो भवति। तत्कस्य हेतोः सचेत्सुभूते बोधिसत्त्वस्य सत्त्वसंज्ञा प्रवर्तेत न स बोधिसत्त्व इति वक्तव्यः। तत्कस्य हेतोः न स सुभूते बोधिसत्त्वो वक्तव्यो यस्यात्मसंज्ञा प्रवर्तेत सत्त्वसंज्ञा वा जीवसंज्ञा वा पुद्गलसंज्ञा वा प्रवर्तेत॥ ३ ॥

今译：“而即使这样让无数众生进入涅槃，我也没有让任何一个众生进入涅槃。为什么？须菩提啊，如果菩萨产生众生想，他就不能称为菩萨。为什么？须菩提啊，菩萨产生我[③]想，产生众生想、生命[④]想或人[⑤]想，他就不能称为菩萨。

① 按原文，vā（“若”）都在每个名词之后，故而这里缺少一个“若”。

② “无受余涅槃”是“无余涅槃”的另一种译名。

③ “我”（ātman）指作为个人（包括肉体和精神）的实体存在，或指寓于个体中的精神实体，相当于“灵魂”。

④ “生命”（jīva，也译“命者”或“寿者”）指个体生命，或指寓于个体中的“我”（ātman）。

⑤ “人”的原词是 pudgala（音译“补特伽罗”），源自巴利语 puggala，指生存的个体，与 puruṣa（“人”）一词同义，或指“我”（ātman）。

什译："如是滅度無量無數無邊眾生，實無眾生得滅度者。何以故？須菩提！若菩薩有我相、人相、眾生相、壽者相[①]，即非菩薩。

菩译："如是滅度無量無邊眾生，實無眾生得滅度者。何以故？須菩提！若菩薩有眾生相[②]，即非菩薩。何以故非？須菩提！若菩薩起眾生相、人相、壽者相，則不名菩薩。

留译："如是般涅槃無量眾生已，無一眾生被涅槃者。何以故？須菩提，若菩薩有眾生想，即不應說名為菩薩。何以故？須菩提！一切菩薩無我想、眾生想、壽者想、受者想。

谛译："如是涅槃無量眾生已，無一眾生被涅槃者。何以故？須菩提！若菩薩有眾生想，即不應說名為菩薩。何以故？須菩提！一切菩薩，無我想、眾生想、壽者想、受者想。

笈译："如是無量雖眾生滅度，無有一眾生滅度有。彼何所因？若[③]，善實！菩薩摩訶薩眾生想轉[④]，不彼菩薩摩訶薩名說應。彼何所因？不彼，善實！菩薩名說應，若眾生想轉，壽想若、人想若轉。

奘译："雖度如是無量有情令滅度已，而無有情得滅度者。何以故？善現！若諸菩薩摩訶薩有情想轉，不應說名菩薩摩訶薩。所以者何？善現！若諸菩薩摩訶薩不應說言有情想轉。如是命者想、士夫想、補特伽羅想、意生想、摩納婆想、作者想、受者想轉[⑤]，當知亦爾。何以故？善現！無有少法名為發趣菩薩乘者。

义译："雖令如是無量眾生證圓寂[⑥]已，而無有一眾生入圓寂者。何以故？妙生！若菩薩有眾生想者，則不名菩薩。所以者何？由有我

① 此处四个"相"，按原文是"想"（saṃjñā），指感知事物的表相而形成概念，故而什译为相，也合理。

② 此处按原文"众生相"前还有"我相"（ātmāsaṃjñā，即"我想"）一词。而此处笈译和奘译也缺"我想"。

③ 此处"若"对应 sacet 词义为如果。

④ 此处"转"的原词是 pravarteta，词义为转出或产生。

⑤ 这句中缺少"我想"，而其中的"士夫"、"补特伽罗"、"意生"、"摩纳婆"、"作者"和"受者"均指人，即都是人的同义词。按原文只使用 pudgala（"人"）一个字。

⑥ "圆寂"是"涅槃"的另一种译名。

想、眾生想、壽者想、更求趣想[1]故。

अपि तु खलु पुनः सुभूते न बोधिसत्त्वेन वस्तुप्रतिष्ठितेन दानं दातव्यम् न क्वचित्प्रतिष्ठितेन दानं दातव्यम्। न रूपप्रतिष्ठितेन दानं दातव्यम्। न शब्दगन्धरसस्प्रष्टव्यधर्मेषु प्रतिष्ठितेन दानं दातव्यम्। एवं हि सुभूते बोधिसत्त्वेन महासत्त्वेन दानं दातव्यं यथा न निमित्तसंज्ञायामपि प्रतितिष्ठेत्। तत्कस्य हेतोः यः सुभूतेऽप्रतिष्ठितो दानं ददाति तस्य सुभूते पुण्यस्कन्धस्य न सुकरं प्रमाणमुद्ग्रहीतुम्।

今译："再有，须菩提啊，菩萨不应住于任何事物而布施，不应住于任何处所而布施，不应住于色而布施，不应住于声、香、味、触和法[2]而布施。确实，须菩提啊，菩萨大士应该这样布施，甚至也不应住于相想。为什么？须菩提啊，无所住而布施，须菩提啊，他的功德藏[3]难以测量。

什译："復次，須菩提！菩薩於法應無所住[4]行於布施，所謂不住色布施，不住聲、香、味、觸、法布施。須菩提！菩薩應如是布施，不住於相。何以故？若菩薩不住相布施，其福德不可思量。

菩译："復次，須菩提！菩薩不住於事行於布施，無所住行於布施，不住色布施，不住聲、香、味、觸、法布施。須菩提！菩薩應如是布施，不住於相想。何以故？若菩薩不住相布施，其福德聚不可思量。

留译："復次，須菩提！菩薩不著己類[5]而行布施，不著所餘[6]行於布施，不著色、聲、香、味、觸、法應行布施。須菩提！菩薩應如

---

① 此处"更受趣想"不见于原文。按原文此处用词是 pudgala saṃjñā，即"人想"。"更求趣想"可能意谓"进而追求转生想"。

② 此处"色"、"声、香、味、触和法"分别指眼、耳、鼻、舌、身和意感知的对象。其中的"法"泛指一切物质和精神存在。

③ 此处"功德藏"的原词是 puṇyaskandha，其中，puṇya 的词义为善行、功德或福德。skandha 的词义为积聚或累积。

④ 此处"应无所住"是将原文中的"不应住于任何事物"和"不应住于任何处所"合并简化为"无所住"。

⑤ 此处"己类"的原词是 vastu，词义为事物。

⑥ 此处"所余"的原词是 kvacit，词义为任何地方。

是行施不著相想。何以故？須菩提！若菩薩無執著心行於布施，是福德聚不可數量。

谛译：“復次，須菩提！菩薩不著己類而行布施，不著所餘行於布施，不著色、聲、香、味、觸、法應行布施。須菩提！菩薩應如是行施，不著相想。何以故？須菩提！若菩薩無執著心行於布施，是福德聚不可數量。

笈译：“雖然復次時，善實！不菩薩摩訶薩事住施與應，無所住施與應，不色住施與應，不聲、香、味、觸、法中住施與應。如是，此，善實！菩薩摩訶薩施與應，如不相想亦住。彼何所因？若，善實！菩薩摩訶薩不住施與，彼所[1]，善實！福聚不可量受取。

奘译：“復次，善現！菩薩摩訶薩不住於事應行布施，都無所住應行布施，不住於色應行布施，不住聲、香、味、觸、法應行布施。善現！如是菩薩摩訶薩如不住相想應行布施。何以故？善現！若菩薩摩訶薩都無所住而行布施，其福德聚不可取量。”

义译：“復次，妙生！菩薩不住於事應行布施，不住隨處應行布施，不住色、聲、香、味、觸、法應行布施。妙生！菩薩如是布施，乃至相應[2]亦不應住。何以故？由不住施，福聚難量。

तत्किं मन्यसे सुभूते सुकरं पूर्वस्यां दिशि आकाशस्य प्रमाणमुद्ग्रहीतुम् सुभूतिराह-- नो हीदं भगवन्।

今译：“你认为怎样？须菩提啊，东方的空间容量容易测量吗？”须菩提说：“确实不容易，世尊！”

什译：“須菩提！於意云何？東方虛空可思量不？”“不也，世尊！”

菩译：“須菩提！於汝意云何？東方虛空可思量不？”須菩提言：

① 此处“彼所”对应 tasya，即指示代词 tad（“他”）的属格（“他的”）。
② 此处“应”应为“想”。

“不也，世尊！”

留译：“須菩提！汝意云何？東方虛空可數量不？”須菩提言：“不可，世尊！”

谛译：“須菩提！汝意云何？東方虛空可數量不？”須菩提言：“不可，世尊！”

笈译：“彼何意念？善實！可前方[①]虛空量受取？”善實言：“不如此，世尊！”

奘译：佛告善現：“於汝意云何？東方虛空可取量不？”善現答言：“不也！世尊！”

义译：“妙生！於汝意云何？東方虛空可知量不？”妙生言：“不爾，世尊！”

भगवानाह-- एवं दक्षिणपश्चिमोत्तरास्वधोर्ध्वं दिग्विदिक्षु समन्ताद्दशासु दिक्षु सुकरमाकाशस्य प्रमाणमुद्ग्रहीतुम् सुभूतिराह-- नो हीदं भगवन्। भगवानाह-- एवमेव सुभूते यो बोधिसत्त्वोऽप्रतिष्ठितो दानं ददाति तस्य सुभूते पुण्यस्कन्धस्य न सुकरं प्रमाणमुद्ग्रहीतुम्। एवं हि सुभूते बोधिसत्त्वयानसंप्रस्थितेन दानं दातव्यं यथा न निमित्तसंज्ञायामपि प्रतितिष्ठेत्॥४॥

今译：世尊说：“同样，南方、西方和北方，下方和上方，以及四维[②]，这周遍十方的空间容量容易测量吗？”须菩提说：“确实不容易，世尊！”世尊说：“正是这样，须菩提啊，菩萨无所住而布施，须菩提啊，他的功德藏难以测量。须菩提啊，发愿奉行菩萨乘者确实应该这样布施，甚至也不应住于相想。

什译：“須菩提！南西北方、四維上下虛空可思量不？”“不也，世尊！”“須菩提！菩薩無住相布施，福德亦復如是不可思量。須菩

---

① 此处“前方”的原词是 pūrvasyām diśi，直译为“前方”，实指东方。

② “维”（vidiś）指中间方向，即东南、西南、西北和东北。四维加上东西南北和上下构成十方。

提！菩薩但應如所教住[①]。

菩译：佛言："如是，須菩提！南西北方、四維上下虛空可思量不？"須菩提言："不也，世尊！"佛言："如是，如是！須菩提！菩薩無住相布施，福德聚亦復如是不可思量。"佛復告須菩提："菩薩但應如是行於布施。"

留译：佛言："如是，須菩提！南西北方、四維上下十方虛空可數量不？"須菩提言："不可，世尊！"佛言："如是，須菩提！若菩薩無執著心行於布施，是福德聚亦復如是不可數量。

谛译：佛言："如是，須菩提！南西北方、四維上下十方虛空可數量不？"須菩提言："不可，世尊！"佛言："如是，須菩提！若菩薩無執著心行於布施，是福德聚亦復如是不可數量。

笈译：世尊言："如是右(南)後(西)高(北)[②]下上方、順不正方[③]，普十方可虛空量受取？"善實言："不如此，世尊！"世尊言："如是，如是！善實！如是，如是！若菩薩摩訶薩不住施與，彼所，善實！福聚不可量受取。雖然復次時，善實！如是菩薩乘發行施與應，如不相想亦住。

奘译："善現！如是南西北方、四維上下周遍十方一切世界虛空可取量不？"善現答言："不也！世尊！"佛言："善現！如是！如是！若菩薩摩訶薩都無所住而行布施，其福德聚不可取量亦復如是。善現！菩薩如是如不住相想應行布施。"

义译："南西北方、四維上下十方虛空，可知量不？"妙生言："不爾，世尊！""妙生！菩薩行不住施，所得福聚不可知量亦復如是。"

① 什译这句表述与原文有差异，也是一种简化的方式。

② 此处"右"对应 dakṣiṇa，既指右边，也指南方；"后"对应 paścima，既指后面，也指西方；"高"对应 uttara，既指优于或高于，也指北方。

③ "顺不正方"对应 vidikṣu，即四维。

तत्किं मन्यसे सुभूते लक्षणसंपदा तथागतो द्रष्टव्यः। सुभूतिराह-- नो हीदं भगवन्। न लक्षणसंपदा तथागतो द्रष्टव्यः। तत्कस्य हेतोः या सा भगवन् लक्षणसंपत्तथागतेन भाषिता सैवालक्षणसंपत्। एवमुक्ते भगवानायुष्मन्तं सुभूति-मेतदवोचत् यावत्सुभूते लक्षणसंपत्तावन्मृषा यावदलक्षणसंपत्तावन्न मृषेति हि लक्षणालक्षणतस्तथागतो द्रष्टव्यः॥५॥

今译："你认为怎样？须菩提啊，能凭诸相①完善看见如来吗？"须菩提说："确实不能，世尊！不能凭诸相完善看见如来。为什么？世尊！如来所说的诸相完善，也就是非诸相完善。"这样说罢，世尊对长老须菩提说道："须菩提啊，凡诸相完善，则是虚妄。凡非诸相完善，则不是虚妄。确实，依据相即非相，才能看见如来。"

什译："須菩提！於意云何？可以身相見如來不？""不也，世尊！不可以身相得見如來。何以故？如來所說身相，即非身相。"佛告須菩提："凡所有相皆是虛妄。若見諸相非相，則見如來。"

菩译："須菩提！於意云何？可以相成就見如來不？"須菩提言："不也，世尊！不可以相成就得見如來。何以故？如來所說相即非相。"佛告須菩提："凡所有相皆是妄語。若見諸相非相，則非妄語。如是諸相非相，則見如來。"

留译："須菩提！汝意云何？可以身相勝德②見如來不？""不也，世尊！何以故？如來所說身相勝德，非相勝德。""何以故？須菩提！凡所有相皆是虛妄。無所有相即是真實。由相無相，應見如來。"

谛译："須菩提！汝意云何？可以身相勝德見如來不？""不能，世尊！何以故？如來所說身相勝德，非相勝德。""何以故？須菩提！凡所有相皆是虛妄。無所有相即是真實。由相無相，應見如來。"

笈译："彼何意念？善實！相具足如來見應？"善實言："不，

① 此处"诸相"（lakṣaṇa）指佛的"三十二大人相"，即三十二种奇妙的形体特征。

② "胜德"的原词是 sampad，词义为完美、完善或充足。此词笈译和奘译"具足"，而什译略去此词。

世尊！相具足如來見應。彼何所因？若彼[1]，如來相具足說，彼如是非相具足。”如是語已，世尊命者善實邊如是言：“所有，善實！相具足，所有妄。所有不相具足，所有不妄。名此相不相，如來見應。”

奘译：佛告善現：“於汝意云何？可以諸相具足觀如來不？”善現答言：“不也！世尊！不應以諸相具足觀於如來。何以故？如來說諸相具足即非諸相具足。”說是語已，佛復告具壽善現言：“善現！乃至諸相具足皆是虛妄，乃至非相具足皆非虛妄。如是以相非相，應觀如來。”

义译：“妙生！於汝意云何？可以具足勝相觀如來不？”妙生言：“不爾，世尊！不應以勝相觀於如來。何以故？如來說勝相即非勝相。”“妙生！所有勝相皆是虛妄。若無勝相，即非虛妄，是故，應以勝相無相觀於如來。”

एवमुक्त आयुष्मान् सुभूतिर्भगवन्तमेतदवोचत्-- अस्ति भगवन्केचित्सत्त्वा भविष्यन्त्यनागतेऽध्वनि पश्चिमे काले पश्चिमे समये पश्चिमायां पञ्चशत्यां सद्धर्मविप्रलोपकाले वर्तमाने य इमेष्वेवंरूपेषु सूत्रान्तपदेषु भाष्यमाणेषु भूत-संज्ञामुत्पादयिष्यन्ति।

今译：这样说罢，长老须菩提对世尊说道：“世尊！在未来世末时，最后的时候，最后的五百年，正法毁坏时[2]，会有众生听到这样的经句，而产生真实想吗？”

什译：須菩提白佛言：“世尊！頗有眾生得聞如是言說章句，生實信不？”

---

① 此处“若彼”对应 yā sā，即两个指示代词 yat 和 tad（“它”）的阴性体格，均指称 lakṣaṇasampad（“相具足”）。

② 佛教将佛陀之后佛法流行的状况分为三个时期，即正法时、像法时和末法时。“正法时”指众生受教修行能证得正果。“像法时”指众生受教修行，大多不能证得正果。“末法时”指正法逐渐毁灭，极少有众生能受教修行，证得正果。一般认为正法时和像法时各为一千年，而末法时长达一万年。

菩译：須菩提白佛言："世尊！頗有眾生於未來世末世，得聞如是修多羅[①]章句，生實相不？"

留译：如是說已，淨命須菩提白佛言："世尊！於今現時及未來世，頗有菩薩聽聞正說如是等相此經章句，生實想不？"

谛译：如是說已，淨命須菩提白佛言："世尊！於今現時及未來世，頗有菩薩聽聞正說如是等相此經章句，生實想不？"

笈译：如是語已，命者善實世尊邊如是言："雖然，世尊！頗有眾生當有未來世後時、後長時、後分五百，正法破壞時中轉時[②]中，若此中，如是色類[③]經中說中[④]，實想發生當[⑤]有？"

奘译：說是語已，具壽善現復白佛言："世尊！頗有有情於當來世後時、後分、後五百歲，正法將滅時分轉時，聞說如是色經典句，生實想不？"

义译：妙生言："世尊！頗有眾生於當來世後五百歲，正法滅時，聞說是經，生實信不？"

भगवानाह-- मा सुभूते त्वमेवं वोचः। अस्ति केचित्सत्त्वा भविष्यन्त्यनागतेऽध्वनि पश्चिमे काले पश्चिमे समये पश्चिमायां पञ्चशत्यां सद्धर्मविप्रलोपकाले वर्तमाने य इमेष्वेवंरूपेषु सूत्रान्तपदेषु भाष्यमानेषु भूतसंज्ञामुत्पादयिष्यन्ति। अपि तु खलु पुनः सुभूते भविष्यन्त्यनागतेऽध्वनि बोधिसत्त्वा महासत्त्वाः पश्चिमे काले पश्चिमे समये पश्चिमायां पञ्चशत्यां सद्धर्मविप्रलोपे वर्तमाने गुणवन्तः शीलवन्तः प्रज्ञावन्तश्च भविष्यन्ति य इमेष्वेवंरूपेषु सूत्रान्तपदेषु भाष्यमाणेषु भूतसंज्ञामुत्पादयिष्यन्ति।

---

① "修多罗"是 sūtra（"经"）一词的音译。

② "转时"的原词是 vartati，词义为转动、发生、存在或处于。在这句中使用的词义为处在。

③ "如是色类"对应 evaṃrūpa，其中，evam 的词义为如此，rūpa（"色"）指形态或形貌，故而这个复合词的词义为这样的。

④ 这句中连续使用五个"中"，因为其中的名词、现在分词或形容词均为依格。

⑤ 笈译中，常用"当"表示原文中动词将来时态。

今译：世尊说："须菩提啊，你不要这样说：'在未来世末时，最后的时候，最后的五百年，正法毁坏时，会有众生听到这样的经句，而产生真实想吗？'确实，须菩提啊，会有菩萨大士，在未来世末时，最后的时候，最后的五百年，正法毁坏时，他们有德，持戒，有智慧，听到这样的经句，会产生真实想。

什译：佛告須菩提："莫作是說，如來滅後，後五百歲，有持戒修福者於此章句能生信心，以此為實。

菩译：佛告須菩提："莫作是說：'頗有眾生於未來世末世，得聞如是修多羅章句，生實相不？'"佛復告須菩提："有未來世末世，有菩薩摩訶薩，法欲滅時，有持戒修福德智慧者於此修多羅章句，能生信心，以此為實。"

留译：佛告須菩提："莫作是說：'於今現時及未來世，頗有菩薩聽聞正說，如是等相此經章句，生實想不？'何以故？須菩提！於未來世實有眾生，得聞此經，能生實想。復次，須菩提！於未來世後五十[①]歲正法滅時，有諸菩薩摩訶薩持戒修福及有智慧。[②]

谛译：佛告須菩提："莫作是說：'於今現時及未來世，頗有菩薩聽聞正說如是等相此經章句，生實想不？'何以故？須菩提！於未來世實有眾生，得聞此經，能生實想。復次，須菩提！於未來世後五百歲，正法滅時，有諸菩薩摩訶薩持戒修福及有智慧。

笈译：世尊言："莫，善實！汝如是語：'雖然，世尊！頗有眾生，當有未來世，後時、後長時、後分五百，正法破壞時中轉時中，若此中，如是色類經中說中，實想發生當有。'雖然復次時，善實！當有未來世，菩薩摩訶薩，後分五百，正法破壞時中轉時中，戒究竟，功德究竟，智慧究竟[③]。

① 此处"五十"应为"五百"。

② 此处按原文还有"听到这样的经句，会产生真实想"。而谛译、笈译、奘译和义译同样缺少这一句。

③ 这里使用的三个"究竟"按原文是后缀 vat，词义为具有。

奘译：佛告善現："勿作是說：'頗有有情於當來世、後時、後分、後五百歲，正法將滅時分轉時，聞說如是色經典句生實想不？'然復，善現！有菩薩摩訶薩於當來世、後時、後分、後五百歲，正法將滅時分轉時，具足尸羅[①]，具德具慧。

义译：佛告妙生："莫作是說：'頗有眾生，於當來世後五百歲，正法滅時，聞說是經，生實信不？'妙生！當來之世，有諸菩薩具戒具德具慧。

न खलु पुनस्ते सुभूते बोधिसत्त्वा महासत्त्वा एकबुद्धपर्युपासिता भविष्यन्ति नैकबुद्धावरोपितकुशलमूला भविष्यन्ति। अपि तु खलु पुनः सुभूते अनेकबुद्ध-शतसहस्रपर्युपासिता अनेकबुद्धशतसहस्रावरोपितकुशलमूलास्ते बोधिसत्त्वा महा-सत्त्वा भविष्यन्ति य इमेष्वेवंरूपेषु सूत्रान्तपदेषु भाष्यमाणेष्वेकचित्तप्रसादमपि प्रतिलप्स्यन्ते। ज्ञातास्ते सुभूते तथागतेन बुद्धज्ञानेन दृष्टास्ते सुभूते तथागतेन बुद्धचक्षुषा बुद्धास्ते सुभूते तथागतेन। सर्वे ते सुभूतेऽप्रमेयमसंख्येयं पुण्यस्कन्धं प्रसविष्यन्ति प्रतिग्रहीष्यन्ति।

今译："再有，须菩提啊，这些菩萨大士不会只侍奉一佛，不会只在一佛处种植善根。确实，须菩提啊，这些菩萨大士会侍奉数十万佛，在数十万佛处种植善根。他们听到这样的经句，就会获得一心清净[②]。须菩提啊，如来凭佛智知道他们。须菩提啊，如来凭佛眼看见他们。须菩提啊，如来觉知他们。须菩提啊，他们全都会产生和获得无量无数功德藏。

什译："當知是人不於一佛二佛三四五佛[③]而種善根，已於無量千萬佛所種諸善根，聞是章句，乃至一念生淨信者。須菩提！如來悉知悉見是諸眾生得如是無量福德。

① "尸罗"是 śīla（"戒"或"持戒"）一词的音译。

② "一心清净"这个复合词中，"一心"（ekacitta）的本义是专心，一心一意。但此词常与 kṣaṇa（"刹那"）组成复合词 ekacittakṣaṇa，词义为"一刹那心"。因此，此处"一心"可理解为一刹那间或一念之间就获得内心清净。

③ 此处"二佛三四五佛"不见于原文。

菩译：佛復告須菩提："當知彼菩薩摩訶薩，非於一佛二佛三四五佛所修行供養，非於一佛二佛三四五佛所而種善根。"佛復告須菩提："已於無量百千萬諸佛所修行供養①，無量百千萬諸佛所種諸善根。聞是修多羅，乃至一念能生淨信。須菩提！如來悉知是諸眾生，如來悉見是諸眾生。須菩提！是諸菩薩生如是無量福德聚，取如是無量福德。

留译："須菩提！是諸菩薩摩訶薩非事一佛，非於一佛種諸善根，已事無量百千諸佛，已於無量百千佛所而種善根。若有善男子、善女人，聽聞正說如是等相此經章句，乃至一念生實信者。須菩提！如來悉知是人，悉見是人。須菩提！是善男子、善女人生長無量福德之聚。

谛译："須菩提！是諸菩薩摩訶薩非事一佛，非於一佛種諸善根，已事無量百千諸佛，已於無量百千佛所而種善根。若有善男子、善女人，聽聞正說如是等相此經章句，乃至一念生實信者。須菩提！如來悉知是人，悉見是人。須菩提！是善男子、善女人生長無量福德之聚。

笈译："不，復次時，彼，善實！菩薩摩訶薩一佛親近供養當有，不一佛種植善根。雖然復次時，善實！不一佛百千親近供養，不一佛百千種植善根，彼菩薩摩訶薩當有，若此中，如是色類中，經句中說中，一心淨信亦得當。知彼，善實！如來佛智。見彼，善實！如來佛眼。一切彼，善實！無量福聚生當取當。

奘译："復次，善現！彼菩薩摩訶薩非於一佛所承事供養，非於一佛所種諸善根。然復，善現！彼菩薩摩訶薩於其非一、百、千佛所承事供養，於其非一、百、千佛所種諸善根，乃能聞說如是色經典句，當得一淨信心。善現！如來以其佛智悉已知彼，如來以其佛眼悉已見彼。善現！如來悉已覺彼一切有情，當生無量無數福聚，當攝無量無數福聚。

义译："而彼菩薩非於一佛承事供養，植諸善根，已於無量百千

① "修行供养"的原词是 paryupāsita 词义为侍奉。

佛所而行奉事，植諸善根。是人乃能於此經典生一信心。妙生！如來悉知是人，悉見是人，彼諸菩薩當生當攝無量福聚。

तत्कस्य हेतोः न हि सुभूते तेषां बोधिसत्त्वानां महासत्त्वानामात्मसंज्ञा प्रवर्तते न सत्त्वसंज्ञा न जीवसंज्ञा न पुद्गलसंज्ञा प्रवर्तते। नापि तेषां सुभूते बोधिसत्त्वानां महासत्त्वानां धर्मसंज्ञा प्रवर्तते। एवं नाधर्मसंज्ञा। नापि तेषां सुभूते संज्ञा नासंज्ञा प्रवर्तते।

今译："为什么？须菩提啊，因为这些菩萨大士不转出我想，不转出众生想，不转出生命想，不转出人想。同样，须菩提啊，这些菩萨大士不转出法想，不转出非法[①]想。须菩提啊，他们也不转出想，不转出非想。

什译："何以故？是諸眾生無復我相、人相、眾生相、壽者相，無法相，亦無非法相。

菩译："何以故？須菩提！是諸菩薩無復我相、眾生相、人相、壽者相。須菩提！是諸菩薩無法相亦非無法相，無相亦非無相。

留译："何以故？須菩提！是諸菩薩無復我想、眾生想、壽者想、受者想。是諸菩薩無法想無非法想，無想非無想。

谛译："何以故？須菩提！是諸菩薩無復我想、眾生想、壽者想、受者想。是諸菩薩無法想非無法想，無想非無想。

笈译："彼何所因？不，善實！彼等[②]菩薩摩訶薩我想轉，不眾生想，不壽想，不人想轉。不亦彼等，善實！菩薩摩訶薩，法想轉，無法想轉，不亦彼等想，無想轉不。

奘译："何以故？善現！彼菩薩摩訶薩無我想轉，無有情想，無

① "法"（dharma）这个词有多种含义：法则、性质、方法、方式和事物等。因此，这里说到的"法"和"非法"，若就事物而言，指事物和非事物；若就法则而言，指善法和不善法，或正法和邪法。

② 此处"彼等"对应 teṣām，即指示代词 tad（"他"）的复数属格，修饰菩萨，即这些菩萨。

命者想，無士夫想，無補特伽羅想、無意生想、無摩納婆想、無作者想、無受者想轉。善現！彼菩薩摩訶薩無法想轉，無非法想轉，無想轉亦無非想轉。

义译："何以故？由彼菩薩無我想、眾生想、壽者想、更求趣想。

तत्कस्य हेतोः सचेत्सुभूते तेषां बोधिसत्त्वानां महासत्त्वानां धर्मसंज्ञा प्रवर्तेत स एव तेषामात्मग्राहो भवेत् सत्त्वग्राहो जीवग्राहः पुद्गलग्राहो भवेत्। सचेदधर्मसंज्ञा प्रवर्तेत स एव तेषामात्मग्राहो भवेत्सत्त्वग्राहो जीवग्राहः पुद्गलग्राह इति।

今译："为什么？须菩提啊，如果这些菩萨大士转出法想，他们就会执著我，就会执著众生，执著生命，执著人。如果转出非法想，他们也会执著我，执著众生，执著生命，执著人。

什译：何以故？是諸眾生[①]若心取相，則為著我、人、眾生、壽者。若取法相，即著我、人、眾生、壽者。何以故？若取非法相，即著我、人、眾生、壽者。

菩译："何以故？須菩提！是諸菩薩若取法相，則為著我、人、眾生、壽者。須菩提！若是菩薩有法相，即著我相、人相、眾生相、壽者相。

留译："何以故？須菩提！是諸菩薩若有法想，即是我執，及眾生、壽者、受者執。

谛译："何以故？須菩提！是諸菩薩若有法想，即是我執，及眾生、壽者、受者執。

笈译："彼何所因？若[②]，善實！彼等菩薩摩訶薩法想轉，彼如是，彼等我取有，眾生取、壽取、人取有。若無法想轉，彼如是，彼等我取有，眾生取、壽取、人取有。

奘译："所以者何？善現！若菩薩摩訶薩有法想轉，彼即應有我

① 此处"诸众生"按原文应为"诸菩萨"。

② 此处"若"对应 sacet，词义为如果。

執、有情執、命者執、補特伽羅等執。若有非法想轉，彼亦應有我執、有情執、命者執、補特伽羅等執。

义译：“彼諸菩薩非法想，非非法想，非想，非無想。何以故？若彼菩薩有法想，即有我執、有情執、壽者執、更求趣執。若有非法想，彼亦有我執、有情執、壽者執、更求趣執。

तत्कस्य हेतोः न खलु पुनः सुभूते बोधिसत्त्वेन महासत्त्वेन धर्म उद्ग्रहीतव्यो नाधर्मः। तस्मादियं तथागतेन संधाय वाग्भाषिता-- कोलोपमं धर्मपर्यायमाजानद्भिर्धर्मा एव प्रहातव्याः प्रागेवाधर्मा इति॥ ६ ॥

今译：“为什么？须菩提啊，菩萨大士确实不应该执著法，不应该执著非法。因此，如来依据密意[1]这样说：‘知道筏喻[2]法门者确实应该舍弃法，何况非法。’”

什译：“是故，不應取法，不應取非法。以是義故，如來常說：‘汝等比丘，知我說法，如筏喻者，法尚應捨，何況非法。’

菩译：“何以故？須菩提！不應取法，非不取法。以是義故，如來常說栰喻法門，是法應捨，非捨法故。”[3]

留译：“須菩提！是故，菩薩不應取法，不應取非法。為如是義故如來說：‘若觀行人解筏喻經[4]，法尚應捨，何況非法。’”

谛译：“須菩提！是故，菩薩不應取法，不應取非法。為如是義故，如來說：‘若觀行人解筏喻經，法尚應捨，何況非法。’”

笈译：“彼何所因？不，復次時，善實！菩薩摩訶薩法取應，不非法取應。彼故此義意，如來說筏喻法本[5]解[6]法，如是捨應，何況非法。”

奘译：“何以故？善現！不應取法，不應取非法，是故如來密意

① “密意”的原词是 saṃdhāya，本义是联系或依据，引申为“密意”。
② “筏喻”指“登岸舍筏”的譬喻。
③ 菩译这段中，“非不取法”和“非舍法故”与原文有差异。
④ 汉译《中阿含经》卷第五十四中的《阿梨吒经》含有佛说筏喻法。
⑤ “法本”对应 dharmaparyāya，词义为法门。
⑥ “解”对应 prahātavyaḥ，词义为舍弃。

而說筏喻法門，諸有智者法尚應斷，何況非法。”

义译：“妙生！是故，菩薩不應取法，不應取非法。以是義故，如來密意宣說筏喻法門，諸有智者法尚應捨，何況非法。”

पुनरपरं भगवानायुष्मन्तं सुभूतिमेतदवोचत्-- तत्किं मन्यसे सुभूते अस्ति स कश्चिद्धर्मो यस्तथागतेनानुत्तरा सम्यक्संबोधिरित्यभिसंबुद्धः कश्चिद्वा धर्मस्तथागतेन देशितः।

今译：进而，世尊对长老须菩提说道：“你认为怎样？须菩提啊，有如来觉知的某种称为无上正等菩提的法吗？或者，有如来宣示的某种法吗？”

什译：“須菩提！於意云何？如來得阿耨多羅三藐三菩提耶？如來有所說法耶？”

菩译：復次，佛告慧命須菩提：“須菩提！於意云何？如來得阿耨多羅三藐三菩提耶？如來有所說法耶？”

留译：佛復告淨命須菩提：“須菩提！汝意云何？如來得阿耨多羅三藐三菩提耶？如來有所說法耶？”

谛译：復次，佛告淨命須菩提：“須菩提！汝意云何？如來得阿耨多羅三藐三菩提耶？如來有所說法耶？”

笈译：復次，世尊命者善實邊如是言：“彼何意念？善實！有如來、應、正遍知，無上正遍知證覺？有復法如來說？”

奘译：佛復告具壽善現言：“善現！於汝意云何？頗有少法[①]，如來、應、正等覺證得阿耨多羅三藐三菩提耶？頗有少法，如來、應、正等覺是所說耶？”

义译：“妙生！於汝意云何？如來於無上菩提有所證不？復有少法是所說不？”

① “少法”中的“少”对应 kaścit，词义为某个或任何。

एवमुक्त आयुष्मान्सुभूतिर्भगवन्तमेतदवोचत्-- यथाहं भगवन्भगवतो भाषितस्यार्थमाजानामि नास्ति स कश्चिद्धर्मो यस्तथागतेनानुत्तरा सम्यक्संबोधिरित्यभिसंबुद्धः नास्ति धर्मो यस्तथागतेन देशितः। तत्कस्य हेतोः योऽसौ तथागतेन धर्मोऽभिसंबुद्धो देशितो वाग्राह्यः सोऽनभिलप्यः। न स धर्मो नाधर्मः। तत्कस्य हेतोः असंस्कृतप्रभाविता ह्यार्यपुद्गलाः॥७॥

今译：这样说罢，长老须菩提对世尊说道："世尊！据我所知世尊所说的意义，没有如来觉知的某种称为无上正等菩提的法，没有如来宣示的这种法。为什么？如来所觉知或所宣示的这种法不可把握，不可言说。它既不是法，也不是非法。为什么？因为圣人①皆由无为②显现。"

什译：須菩提言："如我解佛所說義，無有定法名阿耨多羅三藐三菩提，亦無有定法如來可說。何以故？如來所說法皆不可取，不可說，非法，非非法。所以者何？一切賢聖皆以無為法而有差別③。"

菩译：須菩提言："如我解佛所說義，無有定法如來得阿耨多羅三藐三菩提，亦無有定法如來可說。何以故？如來所說法，皆不可取、不可說，非法非非法。何以故？一切聖人皆以無為法得名。"

留译：須菩提言："如我解佛所說義，無所有法如來所得名阿耨多羅三藐三菩提，亦無有法如來所說。何以故？是法如來所說不可取、不可言，非法，非非法。何以故？一切聖人皆以無為真如④所顯現故。"

谛译：須菩提言："如我解佛說義，無所有法如來所得名阿耨多羅三藐三菩提，亦無有法如來所說。何以故？是法如來所說不可取、不可言，非法，非非法。何以故？一切聖人皆以無為真如所顯現故。"

笈译：善實言："如我，世尊！世尊說義解我⑤，無有一法若如來

① "圣人"（ārya-pudgala，或译贤圣）这个词对应的巴利语（ariya-puggala），泛指优秀人物。这里可理解为达到预流、一来、不还和阿罗汉的修行者，或理解为菩萨。

② "无为"（asaṃskṛta）指超越因缘法，与"涅槃"、"真如"或"空"相通。

③ 此处"差别"的原词是 prabhāvita，词义为显现。

④ 此处"真如"是补充说明"无为"，原文中没有使用此词。

⑤ 这句中第一个"我"对应 aham（"我"），第二个"我"是隐含在动词第一人称形式 ājānāmi（"知道"）中的"我"。

無上正遍知證覺。無有一法若如來說。彼何所因？若彼[1]，如來法說，不可取，彼不可說，不彼法，非不法。彼何因？無為法顯明聖人。”

奘译：善現答言：“世尊！如我解佛所說義者，無有少法，如來、應、正等覺證得阿耨多羅三藐三菩提，亦無有少法，是如來、應、正等覺所說。何以故？世尊！如來、應、正等覺所證、所說、所思惟法皆不可取，不可宣說，非法，非非法。何以故？以諸賢聖補特伽羅[2]皆是無為之所顯故。”

义译：妙生言：“如我解佛所說義，如來於無上菩提實無所證，亦無所說。何以故？佛所說法不可取，不可說。彼非法，非非法。何以故？以諸聖者皆是無為所顯現故。”

भगवानाह-- तत्किं मन्यसे सुभूते यः कश्चित्कुलपुत्रो वा कुलदुहिता वेमं त्रिसाहस्रमहासाहस्रं लोकधातुं सप्तरत्नपरिपूर्णं कृत्वा तथागतेभ्योऽर्हद्भ्यः सम्यक्संबुद्धेभ्यो दानं दद्यादपि नु स कुलपुत्रो वा कुलदुहिता वा ततोनिदानं बहु पुण्यस्कन्धं प्रसुनुयात्।

今译：世尊说：“你认为怎样？须菩提啊，若有善男子或善女人用七宝[3]铺满这三千大千世界[4]，布施给众如来、阿罗汉、正等觉，这善男子或善女人会由此因缘产生很多功德藏吗？”

什译：“須菩提！於意云何？若人滿三千大千世界七寶以用布施，是人所得福德寧為多不？”

菩译：“須菩提！於意云何？若滿三千大千世界七寶以用布施。須菩提！於意云何？是善男子、善女人所得福德寧為多不？”

留译：“須菩提！汝意云何？以三千大千世界遍滿七寶，若人持

① 此处“若彼”对应两个指示代词，均指称 dharmaḥ（“法”）。

② 此处“贤圣补特伽罗”的原词是 ārya（“圣”）pudgala（“人”）。

③ “七宝”指七种珍宝：金、银、琉璃、颇梨、车渠、赤珠和玛瑙。

④ “三千大千世界”是佛教的宇宙概念，即宇宙中有无数世界。每个世界中有月亮、太阳、须弥山、四大洲、四大洋、四大天王和七重天。一千个这样的世界构成一小千世界。一千个小千世界构成二千中千世界。一千个二千中千世界构成三千大千世界。

用布施，是善男子、善女人因此布施生福多不？”

谛译：“須菩提！汝意云何？以三千大千世界遍滿七寶，若人持用布施，是善男子、善女人因此布施生福多不？”

笈译：世尊言：“彼何意念？善實！若有善家子若，善家女若，此三千大千世界七寶滿作已，如來等，應等，正遍知等[①]施與。彼何意念？善實！雖然，彼善家子若，善家女若，彼緣多福聚生？”

奘译：佛告善現：“於汝意云何？若善男子或善女人以此三千大千世界盛滿七寶持用布施，是善男子或善女人由此因緣所生福聚寧為多不？”

义译：“妙生！於汝意云何？若善男子、善女人以滿三千大千世界七寶持用布施，得福多不？”

सुभूतिराह-- बहु भगवन् बहु सुगत स कुलपुत्रो वा कुलदुहिता वा ततोनिदानं पुण्यस्कन्धं प्रसुनुयात्। तत्कस्य हेतोः योऽसौ भगवन् पुण्यस्कन्धस्तथागतेन भाषितोऽस्कन्धः स तथागतेन भाषितः। तस्मात्तथागतो भाषते-- पुण्यस्कन्धः पुण्यस्कन्ध इति।

今译：须菩提说：“这善男子或善女人会由此因缘产生很多功德藏，世尊！很多，善逝！为什么？世尊！如来所说的这种功德藏也就是如来所说的非藏，因此如来说功德藏、功德藏。”

什译：須菩提言：“甚多，世尊！何以故？是福德即非福德性，是故如來說福德多。”

菩译：須菩提言：“甚多，婆伽婆！甚多，修伽陀[②]！彼善男子、善女人得福甚多。何以故？世尊！是福德聚即非福德聚，是故如來說福德聚、福德聚。”

留译：須菩提言：“甚多，世尊！甚多，修伽陀！是善男子、善

① 这里的三个“等”都代表复数。

② “修伽陀”是 sugata（“善逝”）一词的音译。

女人因此布施得福甚多。何以故？世尊！此福德聚即非福德聚，是故如來說福德聚。”

谛译：須菩提言：“甚多，世尊！甚多，修伽陀！是善男子、善女人因此布施得福甚多。何以故？世尊！此福德聚即非福德聚，是故如來說福德聚。”

笈译：善實言：“多，世尊！多，善逝！彼善家子若，善家女若，彼緣多福聚生。彼何所因？若彼，世尊！福聚，如來說非聚，彼，世尊！如來說福聚、福聚者。”

奘译：善現答言：“甚多！世尊！甚多！善逝！是善男子或善女人由此因緣所生福聚其量甚多。何以故？世尊！福德聚福德聚者，如來說為非福德聚，是故如來說名福德聚、福德聚。”

义译：妙生言：“甚多，世尊！何以故？此福聚者則非是聚，是故如來說為福聚、福聚。”

भगवानाह-- यश्च खलु पुनः सुभूते कुलपुत्रो वा कुलदुहिता वेमं त्रिसाहस्र-महासाहस्रं लोकधातुं सप्तरत्नपरिपूर्णं कृत्वा तथागतेभ्योऽर्हद्भ्यः सम्यक्संबुद्धेभ्यो दानं दद्यात् यश्चेतो धर्मपर्यायादन्तशश्चतुष्पादिकामपि गाथामुद्गृह्य परेभ्यो विस्तरेण देशयेत् संप्रकाशयेदयमेव ततोनिदानं बहुतरं पुण्यस्कन्धं प्रसुनुयादप्रमेयम-संख्येयम्।

今译：世尊说：“确实，须菩提啊，若有善男子或善女人用七宝铺满这三千大千世界，布施给众如来、阿罗汉、正等觉，而若从这法门中甚至只取出一首四句的偈颂，向他人详细宣示和解说，他会由此因缘产生更多的无量无数功德藏。

什译：“若復有人於此經中受持乃至四句偈等，為他人說，其福勝彼。

菩译：佛言：“須菩提！若善男子、善女人以滿三千大千世界七寶持用布施。若復於此經中受持乃至四句偈等，為他人說，其福勝彼無量不可數。

留译：佛言："須菩提！若善男子、善女人以三千大千世界遍滿七寶持用布施。若復有人從此經中受四句偈，為他正說，顯示其義，此人以是因緣所生福德，最多於彼無量無數。

谛译：佛言："須菩提！若善男子、善女人以三千大千世界遍滿七寶持用布施。若復有人從此經中受四句偈，為他正說，顯示其義，此人以是因緣所生福德，最多於彼無量無數。

笈译：世尊言："若復，善實！善家子若，善家女若，此三千大千世界七寶滿作已，如來等、應等、正遍知等施與。若此法本乃至四句等偈受已，為他等分別廣說，此彼緣多過福聚生，無量、不可數。

奘译：佛復告善現言："善現！若善男子或善女人以此三千大千世界盛滿七寶持用布施。若善男子或善女人於此法門乃至四句伽他[①]受持讀誦，究竟通利及廣為他宣說開示，如理作意[②]，由是因緣所生福聚甚多於前無量無數。

义译："妙生！若有善男子、善女人以滿三千大千世界七寶持用布施。若復有人能於此經乃至一四句頌，若自受持，為他演說，以是因緣所生福聚極多於彼無量無數。

तत्कस्य हेतोः अतोनिर्जाता हि सुभूते तथागतानामर्हतां सम्यक्संबुद्धानामनुत्तरा सम्यक्संबोधिः अतोनिर्जाताश्च बुद्धा भगवन्तः। तत्कस्य हेतोः बुद्धधर्मा बुद्धधर्मा इति सुभूतेऽबुद्धधर्माश्चैव ते तथागतेन भाषिताः। तेनोच्यन्ते बुद्धधर्मा इति॥८॥

今译："为什么？须菩提啊，因为如来、阿罗汉、正等觉的无上正等菩提从这法门中产生，诸佛世尊也从这法门中产生。为什么？所

① "伽他"是gāthā（"偈颂"）一词的音译。此词也音译"伽陀"。

② 这句中的"究竟通利"和"如理作意"不见于原文，应该是奘译增饰用词。"究竟通利"（paryavāpti）意谓完全掌握、通晓或通达。"如理作意"（yoniśomanasikāra）意谓深入思考而彻底理解。

谓佛法、佛法，须菩提啊，它们也就是如来所说的非佛法，因此称为佛法。

什译："何以故？須菩提！一切諸佛及諸佛阿耨多羅三藐三菩提法皆從此經出。須菩提！所謂佛法者即非佛法。

菩译："何以故？須菩提！一切諸佛阿耨多羅三藐三菩提法皆從此經出，一切諸佛如來皆從此經生。須菩提！所謂佛法、佛法者，即非佛法，是名佛法。

留译："何以故？須菩提！如來無上菩提從此福成，諸佛世尊從此福生。何以故？須菩提！所言佛法者即非佛法，是名佛法。

谛译："何以故？須菩提！如來無上菩提從此福成，諸佛世尊從此福生。何以故？須菩提！所言佛法者即非佛法，是名佛法。

笈译："彼何所因？此出，善實！如來、應、正遍知，無上正遍知，此生佛、世尊。彼何所因？佛法、佛法者，善實！非佛法，如是彼，彼故說名佛法者。"

奘译："何以故？一切如來、應、正等覺阿耨多羅三藐三菩提皆從此經出，諸佛世尊皆從此經生。所以者何？善現！諸佛法、諸佛法者，如來說為非諸佛法，是故如來說名諸佛法、諸佛法。"

义译："何以故？妙生！由諸如來無上等覺從此經出，諸佛世尊從此經生。是故，妙生！佛法者如來說非佛法，是名佛法。

तत्किं मन्यसे सुभूतेऽपि नु स्रोतापन्नस्यैवं भवति-- मया स्रोतापत्तिफलं प्राप्तमिति। सुभूतिराह-- नो हीदं भगवन्। न स्रोतापन्नस्यैवं भवति-- मया स्रोतापत्तिफलं प्राप्तमिति। तत्कस्य हेतोः न हि स भगवन् कंचिद्धर्ममापन्नः तेनोच्यते स्रोतापन्न इति। न रूपमापन्नो न शब्दान् न गन्धान् न रसान् न स्प्रष्टव्यान् न धर्मानापन्नः। तेनोच्यते स्रोतापन्न इति। सचेद्भगवन् स्रोतापन्नस्यैवं भवेत्-- मया स्रोतापत्तिफलं प्राप्तमिति स एव तस्यात्मग्राहो भवेत्सत्त्वग्राहो जीवग्राहः पुद्गलग्राहो भवेदिति।

今译："你认为怎样？须菩提啊，预流[①]有'我获得预流果'这样的想法吗？"须菩提说："确实没有，世尊！预流没有'我获得预流果'这样的想法。为什么？世尊！因为他没有获得任何法，因此称为预流。他没有获得色，没有获得声、香、味、触和法，因此称为预流。世尊！如果预流有'我获得预流果'这样的想法，他确实会执著我，执著众生，执著生命，执著人。"

什译："須菩提！於意云何？須陀洹能作是念：'我得須陀洹果'不？"須菩提言："不也，世尊！何以故？須陀洹名為入流，而無所入，不入色、聲、香、味、觸、法，是名須陀洹。"[②]

菩译："須菩提！於意云何？須陀洹能作是念：'我得須陀洹果'不？"須菩提言："不也，世尊！何以故？實無有法名須陀洹。不入色、聲、香、味、觸、法，是名須陀洹。"

留译："須菩提！汝意云何？須陀洹能作是念：'我得須陀洹果'不？"須菩提言："不也，世尊！何以故？世尊！實無所有能至於流，故說須陀洹，乃至色、聲、香、味、觸、法亦復如是，故名須陀洹。"

谛译："須菩提！汝意云何？須陀洹能作是念：'我得須陀洹果'不？"須菩提言："不能，世尊！何以故？世尊！實無所有能至於流，故說須陀洹，乃至色、聲、香、味、觸、法亦復如是，故名須陀洹。"

笈译：世尊言："彼何意念？善實！雖然，流入[③]如是念：'我流入果得到。'"善實言："不如此，世尊！彼何所因？不彼，世尊！一人[④]，彼故說名流入。不色入，不聲、不香、不味、不觸、不法入，彼故說名流入者。彼若，世尊！流入如是念：'我流入果得到。'彼如是，彼所我取有，眾生取、壽取、人取有。"

---

① "预流"（srotāpatti，音译"须陀洹"）是修行四阶位中的第一阶位，指进入法流，即进入法门。

② 什译这段以及此后两段略去后半部分，而第四段有这后半部分，这也是简化的译法。

③ "流入"对应 srotāpatti（"预流"），可以拆解为 srota（"流"）和 āpatti（"入"）。

④ 此处"不彼……一人"与原文有差异，按原文应是"他没有获得任何法"。

奘译：佛告善現："於汝意云何？諸預流者頗作是念：'我能證得預流果'不？"善現答言："不也，世尊！諸預流者不作是念：'我能證得預流之果。'何以故？世尊！諸預流者無少所預，故名預流；不預色、聲、香、味、觸、法，故名預流。世尊！若預流者作如是念：'我能證得預流之果，'即為執我、有情、命者、士夫、補特伽羅等。"

义译："妙生！於汝意云何？諸預流者頗作是念：'我得預流果'不？"妙生言："不爾，世尊！何以故？諸預流者無法可預，故名預流。不預色、聲、香、未①、觸、法，故名預流。世尊！若預流者作是念：'我得預流果者'，則有我執，有情、壽者、更求趣執。"

भगवानाह-- तत्किं मन्यसे सुभूते अपि नु सकृदागामिन एवं भवति-- मया सकृदागामिफलं प्राप्तमिति। सुभूतिराह-- नो हीदं भगवन्। न सकृदागामिन एवं भवति-- मया सकृदागामिफलं प्राप्तमिति। तत्कस्य हेतोः न हि स कश्चिद्धर्मो यः सकृदागामित्वमापन्नः। तेनोच्यते सकृदागामीति।

今译：世尊说："你认为怎样？须菩提啊，一来②有'我获得一来果'这样的想法吗？"须菩提说："确实没有，世尊！一来没有'我获得一来果'这样的想法。为什么？因为没有任何获得一来性③的法，因此称为一来。"

什译："須菩提！於意云何？斯陀含能作是念：'我得斯陀含果'不？"須菩提言："不也，世尊！何以故？斯陀含名一往來，而實無往來，是名斯陀含。"

菩译：佛言："須菩提！於意云何？斯陀含能作是念：'我得斯陀含果'不？"須菩提言："不也，世尊！何以故？實無有法名斯陀含，是名斯陀含。"

---

① 此处"未"应为"味"。

② "一来"（sakṛtāgāmin，音译"斯陀含"）是修行四阶位中的第二阶位，指仍要自天界返回世间一次。

③ "一来性"的原词是 sakṛtāgāmitva，其中后缀 tva 表示"性"。下面提到的"不还性"和"阿罗汉性"都含有"性空"意思。奘译和义译与原文一致，都译出这个"性"。

留译："斯陀含名一往來，實無所有能至往來，是名斯陀含。"

谛译："斯陀含名一往來，實無所有能至往來，是名斯陀含。"

笈译：世尊言："彼何意念？善實！雖然，一來如是念：'我一來果得到。'"善實言："不如此，世尊！彼何所因？不一來如是念：'我一來果得到。'彼何所因？不彼有法若一來人，彼故說名一來者。"

奘译：佛告善現："於汝意云何？諸一來者頗作是念：'我能證得一來果'不？"善現答言："不也，世尊！諸一來者不作是念：'我能證得一來之果。'何以故？世尊！以無少法證一來性，故名一來。"

义译："妙生！於汝意云何？諸一來者頗作是念：'我得一來果'不？"妙生言："不爾，世尊！何以故？由彼無有少法證一來性，故名一來。"

भगवानाह-- तत्किं मन्यसे सुभूते अपि न्वनागामिन एवं भवति-- मयानागामिफलं प्राप्तमिति। सुभूतिराह-- नो हीदं भगवन्। नानागामिन एवं भवति-- मयानागामिफलं प्राप्तमिति। तत्कस्य हेतोः न हि स भगवन् कश्चिद्धर्मो योऽनागामित्वमापन्नः। तेनोच्यतेऽनागामीति।

今译：世尊说："你认为怎样？须菩提啊，不还[①]有'我获得不还果'这样的想法吗？"须菩提说："确实没有，世尊！不还没有'我获得不还果'这样的想法。为什么？世尊！因为没有任何获得不还性的法，因此称为不还。"

什译："須菩提！於意云何？阿那含能作是念：'我得阿那含果'不？"須菩提言："不也，世尊！何以故？阿那含名為不來，而實無來，是故名阿那含。"

菩译："須菩提！於意云何？阿那含能作是念：'我得阿那含果'不？"須菩提言："不也，世尊！何以故？實無有法名阿那含，是名阿那含。"

---

① "不还"（anāgāmin，也译"不来"，音译"阿那含"）是修行四阶位中的第三阶位，指断除欲界一切迷惑，不再返回世间。

留译："阿那含名為不來，實無所有能至不來，是名阿那含。"

谛译："阿那含名為不來，實無所有能至不來，是名阿那含。"

笈译：世尊言："彼何意念？善實！雖然，不來如是念：'我不來果得到。'"善實言："不如此，世尊！彼何所因？不彼有法若不來入，彼故說名不來者。"

奘译：佛告善現："於汝意云何？諸不還者頗作是念：'我能證得不還果'不？"善現答言："不也，世尊！諸不還者不作是念：'我能證得不還之果。'何以故？世尊！以無少法證不還性，故名不還。"

义译："妙生！於汝意云何？諸不還者頗作是念：'我得不還果'不？"妙生言："不爾，世尊！何以故？由彼無有少法證不還性，故名不還。"

भगवानाह-- तत्किं मन्यसे सुभूते अपि न्वर्हत एवं भवति-- मयार्हत्त्वं प्राप्तमिति। सुभूतिराह-- नो हीदं भगवन्। नार्हत एवं भवति-- मयार्हत्त्वं प्राप्तमिति। तत्कस्य हेतोः न हि स भगवन् कश्चिद्धर्मो योऽर्हन्नाम। तेनोच्यतेऽर्हन्निति। सचेद्भगवन्नर्हत एवं भवेत्-- मयार्हत्त्वं प्राप्तमिति स एव तस्यात्मग्राहो भवेत्सत्त्वग्राहो जीवग्राहः पुद्गलग्राहो भवेत्।

今译：世尊说："你认为怎样？须菩提啊，阿罗汉[1]有'我获得阿罗汉性'这样的想法吗？"须菩提说："确实没有，世尊！阿罗汉没有'我获得阿罗汉性'这样的想法。为什么？世尊！因为没有任何名为阿罗汉性的法，因此称为阿罗汉。世尊！如果阿罗汉有'我获得阿罗汉性'这样的想法，他确实会执著我，会执著众生，执著生命，执著人。

什译："須菩提！於意云何？阿羅漢能作是念：'我得阿羅漢道'不？"須菩提言："不也，世尊！何以故？實無有法名阿羅漢。世尊！若阿羅漢作是念：'我得阿羅漢道。'即為著我、人、眾生、壽者。

① "阿罗汉"（arhat）是声闻乘修行四阶位中的最高阶位，指断除一切烦恼，摆脱生死轮回。

菩译：“須菩提！於意云何？阿羅漢能作是念：‘我得阿羅漢’不？”須菩提言：“不也，世尊！何以故？實無有法名阿羅漢。世尊！若阿羅漢作是念：‘我得阿羅漢。’即為著我、人、眾生、壽者。

留译：佛言：“須菩提！汝意云何？阿羅漢能作是念：‘我得阿羅漢果’不？”須菩提言：“不也，世尊！何以故？實無所有名阿羅漢。世尊！若阿羅漢作是念：‘我得阿羅漢果。’即是我執、眾生執、壽者執、受者執。

谛译：佛言：“須菩提！汝意云何？阿羅漢能作是念：‘我得阿羅漢果’不？”須菩提言：“不能，世尊！何以故！實無所有名阿羅漢。世尊！若阿羅漢作是念：‘我得阿羅漢果。’此念即是我執、眾生執、壽者執、受者執。

笈译：世尊言：“彼何意念？善實！雖然，應如是念：‘我應得到。’”善實言：“不如此，世尊！彼何所因？不彼，世尊！有法若應名，彼故說名應者。彼若，世尊！應如是念：‘我應得到。’如是彼所我取有，眾生取、壽取、人取有。[①]

奘译：佛告善現：“於汝意云何？諸阿羅漢頗作是念：‘我能證得阿羅漢’不？”善現答言：“不也，世尊！諸阿羅漢不作是念：‘我能證得阿羅漢性。’何以故？世尊！以無少法名阿羅漢，由是因緣名阿羅漢。世尊！若阿羅漢作如是念：‘我能證得阿羅漢性。’即為執我、有情、命者、士夫、補特伽羅等。

义译：“妙生！於汝意云何？諸阿羅漢頗作是念：‘我得阿羅漢果’不？”妙生言：“不爾，世尊！由彼無有少法名阿羅漢。世尊！若阿羅漢作是念：‘我得阿羅漢果者。’則有我執，有情、壽者、更求趣執。

तत्कस्य हेतोः अहमस्मि भगवंस्तथागतेनार्हता सम्यक्संबुद्धेनारणाविहारिणामग्र्यो निर्दिष्टः। अहमस्मि भगवन्नर्हन्वीतरागः। न च मे भगवन्नेवं

---

① 这段中的“应”均指阿罗汉。

भवति-- अर्हन्नस्म्यहं वीतराग इति। सचेन्मम भगवन्नेवं भवेत्-- मयार्हत्त्वं प्राप्तमिति न मां तथागतो व्याकरिष्यदरणाविहारिणामग्र्यः सुभूतिः कुलपुत्रो न क्वचिद्विहरति तेनोच्यते ऽरणाविहार्यरणाविहारीति॥९॥

今译："为什么？世尊！如来、阿罗汉、正等觉指出我是住于无诤[①]者第一。世尊！我是离欲阿罗汉。世尊！而我不这样想：'我是离欲阿罗汉。'世尊！如果我有'我获得阿罗汉性'这样的想法，如来就不会宣称我说：'善男子须菩提是住于无诤者第一。他无所住，因此称为住于无诤者、住于无诤者。'"

什译："世尊！佛說我得無諍三昧[②]，人中最為第一，是第一離欲阿羅漢。我不作是念：'我是離欲阿羅漢。'世尊！我若作是念：'我得阿羅漢道。'世尊則不說須菩提是樂阿蘭那[③]行者。以須菩提實無所行，而名須菩提是樂阿蘭那行。"

菩译："世尊！佛說我得無諍三昧最為第一，世尊說我是離欲阿羅漢。世尊！我不作是念：'我是離欲阿羅漢。'世尊！我若作是念：'我得阿羅漢。'世尊則不記[④]我無諍行第一。以須菩提實無所行，而名須菩提無諍、無諍行。"

留译："世尊！如来、阿羅訶、三藐三佛陀讚我住無諍三昧人中最為第一。世尊！我今已成阿羅漢，離三有[⑤]欲。世尊！我亦不作是念：'我是阿羅漢。'世尊！我若有是念：'我已得阿羅漢果。'如來則應不授我記：'住無諍三昧人中，須菩提善男子最為第一。實無所住，住於無諍、住於無諍。'"

谛译："世尊！如來、阿羅訶、三藐三佛陀讚我住無諍三昧人中

---

① "无诤"的原词是 araṇā，相当于巴利语 araṇa，本义为无争斗或无战斗，也就是"和平"或"平静"。在佛经中，也引申为"无贪欲"或"无烦恼"。

② 此处"三昧"原词不见于原文。

③ 此处"阿兰那"是 araṇā（"无诤"）一词的音译。

④ "记"的原词是 vyākariṣyati，词义为说明、解释、宣示或宣称。汉译佛经中常译为"授记"，尤指预言。

⑤ "三有"即三界，原文中没有使用此词。

最為第一。世尊！我今已得阿羅漢，離三有欲。世尊！我亦不作是念：‘我是阿羅漢。’世尊！我若有是念：‘我已得阿羅漢果。’如來則應不授我記：‘住無諍三昧人中，須菩提善男子最為第一。實無所住，住於無諍、住於無諍。’”

笈译：“彼何所因？我此，世尊！如來、應、正遍知，無諍行最勝說，我此，世尊！應離欲。不我，世尊！如是念：‘我此應者。’若我，世尊！如是念：‘我應得到。’不我如來記說：‘無諍行最勝，善實善家子無所行，彼故說名無諍行、無諍行者。’”

奘译：“所以者何？世尊！如來、應、正等覺說我得無諍住最為第一，世尊！我雖是阿羅漢永離貪欲，而我未曾作如是念：‘我得阿羅漢永離貪欲。’世尊！我若作如是念：‘我得阿羅漢永離貪欲者。’如來不應記說我言：‘善現善男子得無諍住最為第一。以都無所住，是故如來說名無諍住、無諍住。’”

义译：“世尊！如來說我得無諍住中最為第一。世尊！我是阿羅漢離於欲染，而實未曾作如是念：‘我是阿羅漢。’世尊！若作是念：‘我得阿羅漢者。’如來即不說我妙生得無諍住，最為第一。以都無所住，是故說我得無諍住、得無諍住。”

भगवानाह-- तत्किं मन्यसे सुभूते-- अस्ति स कश्चिद्धर्मो यस्तथागतेन दीपंकरस्य तथागतस्यार्हतः सम्यक्संबुद्धस्यान्तिकादुद्गृहीतः। सुभूतिराह-- नो हीदं भगवन्। नास्ति स कश्चिद्धर्मो यस्तथागतेन दीपंकरस्य तथागतस्यार्हतः सम्यक्संबुद्धस्यान्तिकादुद्गृहीतः।

今译：世尊说：“你认为怎样？须菩提啊，如来从燃灯[①]如来、阿罗汉、正等觉身边获得任何法吗？”须菩提说：“确实没有，世尊！如来没有从燃灯如来、阿罗汉、正等觉身边获得任何法。”

什译：佛告須菩提：“於意云何？如來昔在然燈佛所，於法有所

① “燃灯”（dīpaṃkara）是过去佛，曾经在释迦牟尼的前生预言他未来成佛。此佛名笈译“灯作”，原文此词是由 dīpam（“灯”）和 kara（“作”）构成的复合词。

得不？”“世尊！如來在然燈佛所，於法實無所得。”

菩译：佛告須菩提：“於意云何？如來昔在燃燈佛所，得阿耨多羅三藐三菩提法不？”須菩提言：“不也，世尊！如來在燃燈佛所，於法實無所得阿耨多羅三藐三菩提。”

留译：佛告須菩提：“汝意云何？昔從燃燈如來、阿羅訶、三藐三佛陀所，頗有一法如來所取不？”須菩提言：“不也，世尊！實無有法昔從燃燈如來、阿羅訶、三藐三佛陀所[1]如來所取。”

谛译：佛告須菩提：“汝意云何？昔從然燈如來、阿羅訶、三藐三佛陀所，頗有一法如來所取不？”須菩提言：“不取，世尊！實無有法昔從然燈如來、阿羅訶、三藐三佛陀所如來所取。”

笈译：世尊言：“彼何意念？善實！有一法，若如來燈作如來、應、正遍知受取？”善實言：“不如此，世尊！無一法，若如來燈作如來、應、正遍知受取。”

奘译：佛告善現：“於汝意云何？如來昔在然燈如來、應、正等覺所，頗於少法有所取不？”善現答言：“不也！世尊！如來昔在然燈如來、應、正等覺所，都無少法而有所取。”

义译：“妙生！於汝意云何？如來昔在然燈佛所，頗有少法是可取不？”妙生言：“不爾，世尊！如來於然燈佛所，實無可取。”

भगवानाह-- यः कश्चित्सुभूते बोधिसत्त्व एवं वदेत्-- अहं क्षेत्रव्यूहान् निष्पादयिष्यामीति स वितथं वदेत्। तत्कस्य हेतोः क्षेत्रव्यूहाः क्षेत्रव्यूहा इति सुभूतेऽव्यूहास्ते तथागतेन भाषिताः। तेनोच्यन्ते क्षेत्रव्यूहा इति। तस्मात्तर्हि सुभूते बोधिसत्त्वेन महासत्त्वेन एवमप्रतिष्ठितं चित्तमुत्पादयितव्यं यन्न क्वचित्प्रतिष्ठितं चित्तमुत्पादयितव्यम्। न रूपप्रतिष्ठितं चित्तमुत्पादयितव्यं न शब्दगन्धरसस्प्रष्टव्य-धर्मप्रतिष्ठितं चित्तमुत्पादयितव्यम्।

① 此处“所”对应 antikara 词义为身边。

今译：世尊说："若有菩萨这样说：'我将造就佛土庄严[①]。'那么，他所言不实。为什么？所谓佛土庄严、佛土庄严，须菩提啊，也就是如来所说的非庄严，因此称为庄严。因此，须菩提啊，菩萨大士应该产生无所住的心，也就是不应该产生有所住的心，不应该产生住于色的心，不应该产生住于声、香、味、触和法的心。

什译："須菩提！於意云何？菩薩莊嚴[②]佛土不？""不也，世尊！何以故？莊嚴佛土者則非莊嚴，是名莊嚴。"[③]"是故，須菩提，諸菩薩摩訶薩應如是生清淨心，不應住色生心，不應住聲、香、味、觸、法生心，應無所住而生其心。

菩译：佛告須菩提："若菩薩作是言：'我莊嚴佛國土。'彼菩薩不實語。何以故？須菩提！如來所說莊嚴佛土者則非莊嚴，是名莊嚴佛土。是故，須菩提！諸菩薩摩訶薩應如是生清淨心，而無所住，不住色生心，不住聲、香、味、觸、法生心，應無所住而生其心。

留译：佛告須菩提："若有菩薩作如是言：'我當莊嚴清淨佛土。'而此菩薩說虛妄言。何以故？須菩提！莊嚴佛土者，如來說非莊嚴，是故莊嚴清淨佛土。須菩提！是故，菩薩應生如是無住著心，不住色、聲、香、味、觸、法生心，應無所住而生其心。

谛译：佛告須菩提："若有菩薩作如是言：'我當莊嚴清淨佛土。'而此菩薩說虛妄言。何以故？須菩提！莊嚴佛土者，如來說非莊嚴，是故莊嚴清淨佛土。須菩提！是故，菩薩應生如是無住著心，不住色、聲、香、味、觸、法生心，應無所住而生其心。

笈译：世尊言："若有，善實！菩薩摩訶薩如是語：'我國土莊嚴成就我者。'彼不如[④]語。彼何所因？國土莊嚴者，善實！不莊嚴，

---

① 此处"庄严"的原词是 vyūha（"庄严"），本义为军队阵容或战斗方阵，此处指佛土中清净、优美和神奇的布局或景象。汉译佛经中常译为"庄严"的另一个词是 alaṅkāra，词义为"装饰"或"修饰"。

② 此处"庄严"用作动词。

③ 什译这句是将佛所说的话改译成须菩提的答话。

④ 此处"不如"对应 vitatha，词义为不如此，即不真实。

彼如來說，彼故說名國土莊嚴者。彼故此，善實！菩薩摩訶薩如是不住心發生應，不色住心發生應，不聲、香、味、觸、法住心發生應，無所住心發生應。

奘译：佛告善現："若有菩薩作如是言：'我當成辦佛土功德[1]莊嚴。'如是菩薩非真實語。何以故？善現！佛土功德莊嚴、佛土功德莊嚴者，如來說非莊嚴，是故如來說名佛土功德莊嚴、佛土功德莊嚴。是故，善現！菩薩如是都無所住應生其心，不住於色應生其心，不住非色應生其心，不住聲、香、味、觸、法應生其心，不住非聲、香、味、觸、法應生其心[2]，都無所住應生其心。"

义译："妙生！若有菩薩作如是語：'我當成就莊嚴國土者。'此為妄語。何以故？莊嚴佛土者，如來說非莊嚴，由此說為國土莊嚴。是故，妙生！菩薩不住於事，不住隨處，不住色、聲、香、味、觸、法應生其心，應生不住事心，應生不住隨處心，應生不住色、聲、香、味、觸、法心。

तद्यथापि नाम सुभूते पुरुषो भवेदुपेतकायो महाकायो यत्तस्यैवंरूप आत्मभावः स्यात् तद्यथापि नाम सुमेरुः पर्वतराजः। तत्किं मन्यसे सुभूते अपि नु महान्स आत्मभावो भवेत्। सुभूतिराह-- महान्स भगवन्महान्सुगत स आत्मभावो भवेत्। तत्कस्य हेतोः आत्मभाव आत्मभाव इति भगवन्नभावः स तथागतेन भाषितः। तेनोच्यत आत्मभाव इति। न हि भगवन्स भावो नाभावः। तेनोच्यत आत्मभाव इति॥ १०॥

今译："譬如，须菩提啊，有人具有身躯，身躯高大。他的这样的身体如同须弥山王[3]。你认为怎样？这个身体高大吗？"须菩提说："这个身体高大，世尊！高大，善逝！为什么？所谓身体、身体，世

---

① 此处"功德"以及菩译和谛译的"清净"都是增饰词。

② 这句中的"不住非色应生其心"和"不住非声、香、味、触、法应生其心"不见于原文，应该是奘译增饰。

③ 按照佛教的世界地理概念，须弥山（sumeru，也译妙高山）位于世界的中央，高达八万由旬（或八万四千由旬）。一由旬（yojana）约十四五公里。须弥山周围还有八座大山，故而它被称为"山王"。

尊！也就是如来所说的非体，因此称为身体。世尊！确实，它不是体，也不是非体，因此称为身体。”

什译：“須菩提！譬如有人，身如須弥山王，於意云何？是身為大不？”須菩提言：“甚大，世尊！何以故？佛說非身，是名大身。”

菩译：“須菩提！譬如有人，身如須弥山王。須菩提！於意云何？是身為大不？”須菩提言：“甚大，世尊！何以故？佛說非身，是名大身。彼身非身，是名大身。”

留译：“須菩提！譬如有人體相勝大如須彌山王。須菩提！汝意云何？如是體相為勝大不？”須菩提言：“甚大，世尊！何以故？如來說非有名為有身。此非是有，故說有身。”

谛译：“須菩提！譬如有人體相勝大如須彌山。須菩提！汝意云何？如是體相為勝大不？”須菩提言：“甚大，世尊！何以故？如來說非有名為有身，此非是有，故說有身。”

笈译：“譬如，善實！丈夫有此如是色我身有，譬如善高山[①]王。彼何意念？善實！雖然，彼大我身有？”善實言：“大，世尊！大，善逝！彼我身有。彼何所因？我身、我身者，世尊！不有彼如來說，彼故說名我身者。不彼，世尊！有，彼故說名我身者。”

奘译：佛告善現：“如有士夫具身大身，其色自體[②]假使譬如妙高山王。善現！於汝意云何？彼之自體為廣大不？”善現答言：“彼之自體廣大！世尊！廣大！善逝！何以故？世尊！彼之自體如來說非彼體，故名自體。非以彼體，故名自體。”

义译：“妙生！譬如有人，身如妙高山王，於意云何？是身為大不？”妙生言：“甚大，世尊！何以故？彼之大身如來說為非身，以彼非有，說名為身。”

---

① 此处“善高山”即须弥山的另一种译名。

② 此处“其色自体”，其中，“其色”的原文是 evaṃrūpa，词义为这样的；“自体”的原文是 ātmabhāva，词义为自身或身体。

भगवानाह-- तत्किं मन्यसे सुभूते-- यावत्यो गङ्गायां महानद्यां वालुका-स्तावत्य एव गङ्गानद्यो भवेयुः तासु या वालुका अपि नु ता बह्व्यो भवेयुः। सुभूतिराह-- ता एव तावद्भगवन् बह्व्यो गङ्गानद्यो भवेयुः प्रागेव यास्तासु गङ्गानदीषु वालुकाः।

今译：世尊说："你认为怎样？须菩提啊，如同大恒河[1]中的沙，有这样多的恒河。这些恒河中的沙多吗？"须菩提说："世尊！有这样多的恒河，何况这些恒河中的沙。"

什译："須菩提！如恒河中所有沙數，如是沙等恒河，於意云何？是諸恒河沙寧為多不？"須菩提言："甚多，世尊！但諸恒河尚多無數，何況其沙。"

菩译：佛言："須菩提！如恒河中所有沙數，如是沙等恒河，於意云何？是諸恒河沙寧為多不？"須菩提言："甚多，世尊！但諸恒河尚多無數，何況其沙。"

留译：佛告須菩提："汝意云何？於恒伽江所有諸沙，如其沙數所有恒伽，諸恒伽沙寧為多不？"須菩提言："甚多，世尊！但諸恒伽尚多無數，何況其沙。"

谛译：佛告須菩提："汝意云何？於恒伽所有諸沙，如其沙數所有恒伽，諸恒伽沙寧為多不？"須菩提言："甚多，世尊！但諸恒伽尚多無數，何況其沙。"

笈译：世尊言："彼何意念？善實！所有恒伽大河沙，彼所有如是恒伽大河有，彼中若沙，雖然，彼多沙有？"善實言："彼如是所有，世尊！多恒伽大河有，何況若彼中沙。"

奘译：佛告善現："於汝意云何？乃至殑伽河中所有沙數，假使有如是沙等殑伽河，是諸殑伽河沙寧為多不？"善現答言："甚多！世尊！甚多！善逝！諸殑伽河尚多無數，何況其沙。"

① "恒河"（gaṅgā）也译恒伽、殑伽或弶伽。

义译：“妙生！於汝意云何？如弶伽河中所有沙數，復有如是沙等弶伽河，此諸河沙寧為多不？”妙生言：“甚多，世尊！河尚無數，況復其沙。”

भगवानाह-- आरोचयामि ते सुभूते प्रतिवेदयामि ते। यावत्यस्तासु गङ्गानदीषु वालुका भवेयुस्तावतो लोकधातून्कश्चिदेव स्त्री वा पुरुषो वा सप्तरत्नपरिपूर्णं कृत्वा तथागतेभ्योऽर्हद्भ्यः सम्यक्संबुद्धेभ्यो दानं दद्यात्तत्किं मन्यसे सुभूते-- अपि नु सा स्त्री वा पुरुषो वा ततोनिदानं बहु पुण्यस्कन्धं प्रसुनु- यात्सुभूतिराह-- बहु भगवन्बहु सुगत स्त्री वा पुरुषो वा ततोनिदानं पुण्यस्कन्धं प्रसुनुयादप्रमेयमसंख्येयम्।

今译：世尊说：“我告诉你，我告知你。若有女人或男子用七宝铺满如同这些恒河中的沙一样多的世界，布施给众如来、阿罗汉、正等觉，你认为怎样？须菩提啊，这女人或男子会由此因缘产生很多功德藏吗？”须菩提说：“很多，世尊！很多，善逝！这女人或男子会由此因缘产生无量无数功德藏。”

什译：“須菩提！我今實言告汝。若有善男子、善女人以七寶滿爾所恒河沙數三千大千世界，以用布施，得福多不？”須菩提言：“甚多，世尊！”

菩译：佛言：“須菩提！我今實言告汝。若有善男子、善女人以七寶滿爾數恒沙數世界，以施諸佛如來。須菩提！於意云何？彼善男子、善女人得福多不？”須菩提言：“甚多，世尊！彼善男子、善女人得福甚多。”

留译：佛言：“須菩提！我今覺汝，我今示汝。諸恒伽中所有沙數爾許世界，若有善男子、善女人以七寶遍滿，持施如來應供正遍覺知。須菩提！汝意云何？此人以是因緣得福多不？”須菩提言：“甚多，世尊！甚多，修伽陀！此人以是因緣生福甚多。”

谛译：佛言：“須菩提！我今覺汝，我今示汝。諸恒伽中所有沙數爾許世界，若有善男子、善女人以七寶遍滿，持施如來應供正遍覺知。須菩提！汝意云何？此人以是因緣得福多不？”須菩提言：“甚多，世尊！甚多，修伽陀！此人以是因緣生福甚多。”

笈译：世尊言：“欲[①]我汝，善實！知我汝。所有彼中恒伽大河中沙有，彼所有世界有，如是婦女若，丈夫若，七寶滿作已，如來等、應等、正遍知等施與。彼何意念？善實！雖然，彼婦女若，丈夫若，彼緣多福聚生？”善實言：“多，世尊！多，善逝！彼婦女若，丈夫若，彼緣多福聚生，無量、不可數。”

奘译：佛言：“善現！吾今告汝，開覺於汝。假使若善男子或善女人以妙七寶盛滿爾所殑伽河沙等世界，奉施如來、應、正等覺。善現！於汝意云何？是善男子或善女人由此因緣所生福聚寧為多不？”善現答言：“甚多！世尊！甚多！善逝！是善男子或善女人由此因緣所生福聚其量甚多。”

义译：“妙生！我今實言告汝。若復有人以寶滿此河沙數量世界，奉施如來，得福多不？”妙生言：“甚多，世尊！”

भगवानाह-- यश्च खलु पुनः सुभूते स्त्री वा पुरुषो वा तावतो लोकधातून्सप्तरत्नपरिपूर्णं कृत्वा तथागतेभ्योऽर्हद्भ्यः सम्यक्संबुद्धेभ्यो दानं दद्यात् यश्च कुलपुत्रो वा कुलदुहिता वेतो धर्मपर्यायादन्तशश्चतुष्पादिकामपि गाथामुद्गृह्य परेभ्यो देशयेत्संप्रकाशयेदयमेव ततो निदानं बहुतरं पुण्यस्कन्धं प्रसुनुयादप्रमेयमसंख्येयम्॥११॥

今译：世尊说：“确实，须菩提啊，若有女人或男子用七宝铺满这样多的世界，布施给众如来、阿罗汉、正等觉，而若有善男子或善女人从这法门中甚至只取出一首四句的偈颂，向他人宣示和解说，他会由此因缘产生更多的无量无数功德藏。

什译：佛告須菩提：“若善男子、善女人於此經中乃至受持四句偈等，為他人說，而此福德勝前福德。

菩译：佛告須菩提：“以七寶滿爾數恒河沙世界，持用布施。若

① 此处“欲”对应 ārocatayāmi，词义为喜欢、乐于或告诉。

善男子、善女人於此法門乃至受持四句偈等，為他人說，而此福德勝前福德無量阿僧祇。

留译：“須菩提！若善男子、善女人以七寶遍滿爾所恒伽沙世界持用布施。若善男子、善女人從此經典乃至四句偈等，恭敬受持，為他正說，是人所生福德最勝於彼無量無數。

谛译：“須菩提！若善男子、善女人以七寶遍滿爾所恒伽沙世界，持用布施。若善男子、善女人從此經典乃至四句偈等，恭敬受持，為他正說，是人所生福德最勝於彼無量無數。

笈译：世尊言：“若復時，善實！善家子若，善家女若，彼所有世界七寶滿作已，如來等、應等、正遍知等施與。若此法本乃至四句等偈受已，為他等分別廣說，此如是彼緣多過福聚生，無量、不可數。

奘译：佛復告善現：“若以七寶盛滿爾所沙等世界，奉施如來、應、正等覺。若善男子或善女人，於此法門乃至四句伽他受持讀誦，究竟通利及廣為他宣說開示，如理作意，由此因緣所生福聚甚多於前無量無數。

义译：“妙生！若復有人於此經中受持一頌，并為他說，而此福聚勝前福聚無量無邊。

अपि तु खलु पुनः सुभूते यस्मिन्पृथिवीप्रदेशे इतो धर्मपर्यायादन्तशश्चतुष्पादिकामपि गाथामुद्गृह्य भाष्येत वा संप्रकाश्येत वा स पृथिवीप्रदेशश्चैत्यभूतो भवेत्सदेवमानुषासुरस्य लोकस्य कः पुनर्वादो य इमं धर्मपर्यायं सकलसमाप्तं धारयिष्यन्ति वाचयिष्यन्ति पर्यवाप्स्यन्ति परेभ्यश्च विस्तरेण संप्रकाशयिष्यन्ति। परमेण ते सुभूत आश्चर्येण समन्वागता भविष्यन्ति। तस्मिंश्च सुभूते पृथिवीप्रदेशे शास्ता विहरत्यन्यतरान्यतरो वा विज्ञगुरुस्थानीयः॥ १२॥

今译：“再有，须菩提啊，在某个地区，从这法门中甚至只取出一首四句的偈颂，得到宣示和解说，这个地区就会成为世界上天神、凡人和阿修罗供奉的塔庙[①]，更不用说人们受持、诵读和通晓整个法门，向他人详细解说。须菩提啊，他们会具有无上的奇迹。须菩提啊，在这个地区会住有导师或其他具有智慧老师资格者[②]。”

什译：“復次，須菩提！隨說是經乃至四句偈等，當知此處，一切世間天、人、阿修羅皆應供養如佛塔廟，何況有人盡能受持讀誦。須菩提！當知是人成就最上第一希有之法，若是經典所在之處，則為有佛[③]，若尊重弟子[④]。”

菩译：“復次，須菩提！隨所有處說是法門乃至四句偈等，當知此處，一切世間天、人、阿修羅皆應供養如佛塔廟，何況有人盡能受持讀誦此經。須菩提！當知是人成就最上第一希有之法。若是經典所在之處，則為有佛，若尊重似佛[⑤]。”

留译：“復次，須菩提！隨所在處，若有人能從是經典乃至四句偈等讀誦講說，當知此處於世間中即成支提，一切人、天及阿脩羅等皆應恭敬，何況有人盡能受持讀誦如此經典。當知是人則與無上希有之法而共相應，是土地處大師在中，或隨有一可尊重人。”

谛译：“復次，須菩提！隨所在處，若有人能從是經典乃至四句偈等讀誦講說，當知此處於世間中即成支提，一切人、天、阿修羅等皆應恭敬，何況有人盡能受持讀誦如此經典。當知是人則與無上希有之法而共相應，是土地處大師在中，或隨有一可尊重人。”

笈译：“雖然復次時，善實！此中地分[⑥]，此法本乃至四句等偈，

---

① “塔庙”的原词是 caitya，音译“支提”、“制底”或“支帝”，指供奉佛的塔或寺。此词原指用于火葬的柴堆，后引伸为塔或寺。

② 此处“老师资格者”的原词是 gurusthānīya，词义为具有老师地位者。

③ 此处“佛”的原词是 śāstṛ，词义为导师，在佛经中也指称佛。

④ 此处“若尊重弟子”，其中，“若”对应 vā（“或者”）。“尊重弟子”对应 prajñagurusthānīyaḥ，可以拆解为 prajña（“有智慧的”）guru（“老师”）sthānīyaḥ（“有地位者”），即具有智慧老师地位者。这里什译采用意译，由于其中的 guru 的词义除了老师外，也表示重要的或尊敬的，故而什译这里使用“尊重”一词。

⑤ 此处“尊重似佛”也与什译一样，采用意译。

⑥ “地分”对应 pṛthivīpradeśa，其中，pṛthivī 的词义为大地，pradeśa 的词义为地区。

為他等說若，分別若，廣說若，彼地分支帝有天、人、阿修羅世。何復言，善實！若此法本持當、讀當、誦當，他等及分別廣說當，最勝彼希有具足當有。此中，善實！地分，教師遊行①，別異②尊重處相似共梵行③。”

奘译：“復次，善現！若地方所於此法門乃至為他宣說、開示四句伽他，此地方所尚為世間諸天及人、阿素洛④等之所供養如佛靈廟，何況有能於此法門具足究竟，書寫，受持讀誦，究竟通利，及廣為他宣說開示，如理作意。如是有情成就最勝希有功德。此地方所大師所住，或隨一一尊重處所，若諸有智同梵行者⑤。”

义译：“妙生！若國土中有此法門，為他解說乃至四句伽他，當知此地即是制底，一切天、人、阿蘇羅等皆應右繞而為敬禮，何況盡能受持讀誦。當知是人則為最上第一希有。又此方所即為有佛及尊重弟子。”

एवमुक्त आयुष्मान् सुभूतिर्भगवन्तमेतदवोचत्-- को नामायं भगवन् धर्मपर्यायः कथं चैनं धारयामि। एवमुक्ते भगवानायुष्मन्तं सुभूतिमेतदवोचत्-- प्रज्ञापारमिता नामायं सुभूते धर्मपर्यायः। एवं चैनं धारय। तत्कस्य हेतोः यैव सुभूते प्रज्ञापारमिता तथागतेन भाषिता सैवापारमिता तथागतेन भाषिता। तेनोच्यते प्रज्ञापारमितेति। तत्किं मन्यसे सुभूते-- अपि न्वस्ति स कश्चिद्धर्मो यस्तथागतेन भाषितः। सुभूतिराह-- नो हीदं भगवन्। नास्ति स कश्चिद्धर्मो यस्तथागतेन भाषितः।

今译：这样说罢，长老须菩提对世尊说道：“这个法门名为什么？世尊！我怎样受持它？”这样说罢，世尊对长老须菩提说道：“须菩提啊，这个法门名为般若波罗蜜多。你要这样受持。为什么？须菩提啊，如来所说的般若波罗蜜多也就是如来所说的非波罗蜜多，因此称

① “游行”对应 viharati，词义为居住、生活或散步。

② “别异”对应 anyatarānyatara， 词义为其他各个。

③ 此处“尊重处相似共梵行”也是采用意译。

④ “阿素洛”是 asura（“阿修罗”）的另一种音译。

⑤ 此处“同梵行者”类似笈译“共梵行”，转换成梵语则是 sabrahmacārin。

为般若波罗蜜多。你认为怎样？须菩提啊，有如来所说的任何法吗？”须菩提说：“确实没有，世尊！没有如来所说的任何法。”

什译：爾時，須菩提白佛言：“世尊！當何名此經？我等云何奉持？”佛告須菩提：“是經名為金剛[①]般若波羅蜜。以是名字，汝當奉持。所以者何？須菩提！佛說般若波羅蜜則非般若波羅蜜。須菩提！於意云何？如來有所說法不？”須菩提白佛言：“世尊！如來無所說法。”

菩译：爾時，須菩提白佛言：“世尊！當何名此法門？我等云何奉持？”佛告須菩提：“是法門名為金剛般若波羅蜜。以是名字，汝當奉持。何以故？須菩提！佛說般若波羅蜜則非般若波羅蜜。須菩提！於意云何？如來有所說法不？”須菩提言：“世尊！如來無所說法。”

留译：佛說是已，淨命須菩提白佛言：“世尊！如是經典名號云何？我等云何奉持？”佛告須菩提：“此經名金剛般若波羅蜜，以是名字，汝當奉持。何以故？須菩提！是般若波羅蜜，如來說非般若波羅蜜。須菩提！汝意云何？頗有一法一佛說不？”須菩提言：“不也，世尊！無有一法一如來說。”

谛译：佛說是已，淨命須菩提白佛言：“世尊！如是經典名號云何？我等云何奉持？”佛告須菩提：“此經名般若波羅蜜。以是名字，汝當奉持。何以故？須菩提！是般若波羅蜜，如來說非般若波羅蜜。須菩提！汝意云何？頗有一法一佛說不？”須菩提言：“無有，世尊！無有一法一如來說。”

笈译：如是語已，命者善實世尊邊如是言：“何名此，世尊！法本？云何及如此持我？”如是語已，世尊命者善實邊如是言：“智慧彼岸到名此，善實！法本如是此持。彼何所因？若如是，善實！智慧彼岸到[②]，如來說彼如是非彼岸到，彼故說名智慧彼岸到者。彼何意念？善實！雖然，有法若如來說？”善實言：“不如此，世尊！不有，世

① 此处按原文没有“金刚”这个名称。笈译、谛译和缪勒本中也没有使用这个名称。
② 此处“彼岸到”是 pāramitā（“波罗蜜多”）一词的意译。

尊！法若如來說。”

奘译：說是語已，具壽善現復白佛言：“世尊！當何名此法門？我當云何奉持？”作是語已，佛告善現言：“具壽！今此法門名為能斷金剛①般若波羅蜜多，如是名字，汝當奉持。何以故？善現！如是般若波羅蜜多，如來說為非般若波羅蜜多，是故，如來說名般若波羅蜜多。”佛告善現：“於汝意云何？頗有少法如來可說不？”善現答言：“不也！世尊！無有少法如來可說。”

义译：“妙生！於汝意云何？頗有少法是如來所說不？”妙生言：“不爾，世尊！無有少法是如來所說。”②

भगवानाह-- तत्किं मन्यसे सुभूते-- यावत्त्रिसाहस्रमहासाहस्रे लोकधातौ पृथिवीरजः कच्चित्तद्बहु भवेत्। सुभूतिराह-- बहु भगवन् बहु सुगत पृथिवीरजो भवेत्। तत्कस्य हेतोः यत्तद्भगवन्पृथिवीरजस्तथागतेन भाषितमरजस्तद्भगवंस्तथागतेन भाषितम्। तेनोच्यते पृथिवीरज इति। योऽप्यसौ लोकधातुस्तथागतेन भाषितोऽधातुः स तथागतेन भाषितः। तेनोच्यते लोकधातुरिति।

今译：世尊说：“你认为怎样？须菩提啊，这三千大千世界中的大地尘土是不是很多？”须菩提说：“大地尘土很多，世尊！很多，善逝！为什么？世尊！如来所说的大地尘土，世尊！也就是如来所说的非尘土，因此称为大地尘土。还有，如来所说的世界也就是如来所说的非界，因此称为世界。”

什译：“須菩提！於意云何？三千大千世界所有微塵是為多不？”須菩提言：“甚多，世尊！”“須菩提！諸微塵如來說非微塵，是名微塵。如來說世界非世界，是名世界。”③

菩译：“須菩提！於意云何？三千大千世界所有微塵是為多不？”

① 此处按原文没有“能断金刚”这个名称。笈译、谛译和缪勒本中也没有使用这个名称。

② 义译这段中缺失的前面部分内容见于后面须菩提受法定威力感动，涌出泪水，而对世尊说的那段话中。

③ 什译和菩译以及奘译这句将须菩提说的话改译为佛说。

須菩提言："彼微塵甚多。世尊！""須菩提！是諸微塵，如來說非微塵，是名微塵。如來說世界非世界，是名世界。"

留译：佛告須菩提："三千大千世界所有微塵是為多不？"須菩提言："此世界微塵甚多，世尊！甚多，修伽陀！何以故？世尊！此諸微塵，如來說非微塵，故名微塵。此諸世界，如來說非世界，故說世界。"

谛译：佛告須菩提："三千大千世界所有微塵是為多不？"須菩提言："此世界微塵甚多，世尊！甚多，修伽陀！何以故？世尊！此諸微塵，如來說非微塵，故名微塵。此諸世界，如來說非世界，故說世界。"

笈译：世尊言："所有，善實！三千大千世界地塵有多有？"善實言："多，世尊！多，善逝！彼地塵。彼何所因？若彼，世尊！地塵如來說，非塵彼如來說，彼故說名地塵者。若彼世界如來說，非界如來說，彼故說名世界者。"

奘译：佛告善現："乃至三千大千世界大地微塵寧為多不？"善現答言："此地微塵甚多！世尊！甚多！善逝！"佛言："善現！大地微塵，如來說非微塵，是故如來說名大地微塵。諸世界，如來說非世界，是故如來說名世界。"

义译："妙生！三千大千世界所有地塵是為多不？"妙生言："甚多，世尊！何以故？諸地塵，佛說非塵，故名地塵。此諸世界，佛說非界，故名世界。"

भगवानाह-- तत्किं मन्यसे सुभूते द्वात्रिंशन्महापुरुषलक्षणैस्तथागतोऽर्हन्सम्यक्संबुद्धो द्रष्टव्यः। सुभूतिराह-- नो हीदं भगवन्। न द्वात्रिंशन्महापुरुषलक्षणैस्तथागतोऽर्हन्सम्यक्संबुद्धो द्रष्टव्यः। तत्कस्य हेतोः यानि हि तानि भगवन्द्वात्रिंशन्महापुरुषलक्षणानि तथागतेन भाषितान्यलक्षणानि तानि भगवंस्तथागतेन भाषितानि। तेनोच्यन्ते द्वात्रिंशन्महापुरुषलक्षणानीति।

今译：世尊说："你认为怎样？须菩提啊，能凭三十二大人相看见如来、阿罗汉、正等觉吗？"须菩提说："确实不能，世尊！不能凭三十二大人相看见如来、阿罗汉、正等觉。为什么？世尊！如来所说的三十二大人相，世尊！也就是如来所说的非相，因此称为三十二大人相。"

什译："須菩提！於意云何？可以三十二相見如來不？""不也，世尊！不可以三十二相得見如來。何以故？如來說三十二相，即是非相，是名三十二相。"

菩译：佛言："須菩提！於意云何？可以三十二大人相見如來不？"須菩提言："不也，世尊！何以故？如來說三十二大人相，即是非相，是名三十二大人相。"

留译：佛告須菩提："汝意云何？可以三十二大人相見如來不？"須菩提言："不也，世尊！何以故？此三十二大人相，如來說非相，故說三十二大人相。"

谛译：佛告須菩提："汝意云何？可以三十二大人相見如來不？"須菩提言："不可，世尊！何以故？此三十二大人相，如來說非相，故說三十二大人相。"

笈译：世尊言："彼何意念？善實！三十二大丈夫相，如來、應、正遍知見應？"善實言："不如此，世尊！不三十二大丈夫相，如來、應、正遍知見應。彼何所因？所有，世尊！三十二大丈夫相如來說，非相所有如來說，彼故說名三十二大丈夫相者。"

奘译：佛告善現："於汝意云何？應以三十二大士夫相觀於如來、應、正等覺不？"善現答言："不也！世尊！不應以三十二大士夫相觀於如來、應、正等覺。何以故？世尊！三十二大士夫相，如來說為非相，是故如來說名三十二大士夫相。"

义译："妙生！於汝意云何？可以三十二大丈夫相觀如來不？"妙生言："不爾，世尊！不應以三十二相觀於如來。何以故？三十二相，佛說非相，是故說為大丈夫相。”

भगवानाह-- यश्च खलु पुनः सुभूते स्त्री वा पुरुषो वा दिने दिने गङ्गानदीवालुकासमानात्मभावान्परित्यजेदेवं परित्यजन्गङ्गानदीवालुकासमान् कल्पांस्तानात्मभावान्परित्यजेत् यश्चेतो धर्मपर्यायादन्तशश्चतुष्पादिकामपि गाथामुद्गृह्य परेभ्यो देशयेत्संप्रकाशयेदयमेव ततोनिदानं बहुतरं पुण्यस्कन्धं प्रसुनुयादप्रमेयमसंख्येयम्॥ १३॥

今译：世尊说：“再有，须菩提啊，若有女人或男子天天舍弃如同恒河沙数的身体，这样舍弃身体历经如同恒河沙数的劫①，而他若从这法门中甚至只取出一首四句的偈颂，向他人宣示和解说，就会由此因缘产生更多的无量无数功德藏。”

什译：“須菩提！若有善男子、善女人以恒河沙等身命布施。若復有人於此經中乃至受持四句偈等，為他人說，其福甚多。”

菩译：佛言：“須菩提！若有善男子、善女人以恒河沙等身命布施。若復有人於此法門中乃至受持四句偈等，為他人說，其福甚多無量阿僧祇②。”

留译：佛告須菩提：“若有善男子、善女人如諸恒伽所有沙數，如是沙等身命捨以布施。若有善男子、善女人從此經典乃至四句偈等恭敬受持，為他正說，此人以是因緣生福多彼無量無數。”

谛译：佛告須菩提：“若有善男子、善女人如諸恒河所有沙數，如是沙等身命捨以布施。若有善男子、善女人從此經典乃至四句偈等恭敬受持，為他正說，此人以是因緣生福多彼無量無數。”

笈译：世尊言：“若復時，善實！婦女若，丈夫若，日日恒伽河沙等我身捨，如是捨恒伽河沙等劫所有我身捨，若此法本乃至四句等偈受已，為他等分別，此如是彼緣多過福聚生，無量、不可數。”

奘译：佛復告善現言：“假使若有善男子或善女人於日日分捨施

① “劫”（kalpa）指世界由产生到毁灭（成、住、坏和空）一个周期的时间。

② “阿僧祇”是“无数”（asaṃkheya）一词的音译。

殑伽河沙等自體，如是經殑伽河沙等劫數捨施自體。復有善男子或善女人於此法門乃至四句伽他受持讀誦，究竟通利及廣為他宣說開示，如理作意，由是因緣所生福聚甚多於前無量無數。”

义译：“妙生！若有男子女人以弶伽河沙等身命布施。若復有人於此經中受持一頌，并為他說，其福勝彼無量無數。”

अथ खल्वायुष्मान्सुभूतिर्धर्मवेगेनाश्रूणि प्रामुञ्चत्। सोऽश्रूणि प्रमृज्य भगवन्तमेतदवोचत्-- आश्चर्यं भगवन्परमाश्चर्यं सुगत यावदयं धर्मपर्यायस्तथागतेन भाषितोऽग्रयानसंप्रस्थितानां सत्त्वानामर्थाय श्रेष्ठयानसंप्रस्थितानामर्थाय। यतो मे भगवञ् ज्ञानमुत्पन्नम् न मया भगवञ्ज्ञात्वेवंरूपो धर्मपर्यायः श्रुतपूर्वः। परमेण ते भगवन्नाश्चर्येण समन्वागता बोधिसत्त्वा भविष्यन्ति य इह सूत्रे भाष्यमाणे श्रुत्वा भूतसंज्ञामुत्पादयिष्यन्ति।

今译：这时，长老须菩提受法的威力感动，涌出泪水。他擦拭泪水后，对世尊说道：“奇妙，世尊！无比奇妙，善逝！如来为发愿奉行最上乘、发愿奉行至上乘的众生宣说这个法门。世尊！自从我智慧开启以来，这样的法门确实前所未闻。世尊！世上众菩萨闻听宣说的此经后，会产生真实想，会具有无上的奇迹。

什译：爾時，須菩提聞說是經，深解義趣，涕淚悲泣，而白佛言：“希有，世尊！佛說如是甚深經典，我從昔來所得慧眼[①]，未曾得聞如是之經。世尊！若復有人得聞是經，信心清淨，則生實相，當知是人成就第一希有功德。

菩译：爾時，須菩提聞說是經，深解義趣，涕淚悲泣，捫淚而白佛言：“希有，婆伽婆！希有，修伽陀！佛說如是甚深法門，我從昔來所得慧眼，未曾得聞如是法門。”“何以故？須菩提！佛說般若波羅蜜，即非般若波羅蜜。”[②]“世尊！若復有人得聞是經，信心清淨，

① 此处“慧眼”对应 jñānamupannam（“智慧开启”），什译意译为“慧眼”。

② 菩译这段中“何以故？……”这句佛说的话不见于原文。而留译和谛译中也有这句话，只是作为须菩提说的话。义译中也有这句，与菩译一致，也是作为佛说的话。

則生實相，當知是人成就第一希有功德。”

留译：爾時，淨命須菩提由法利疾[1]，即便悲泣，拭淚而言：“希有，世尊！希有，修伽陀！如此經典如來所說，我從昔來至得聖慧，未曾聞說如是經典。何以故？世尊說般若波羅蜜，即非般若波羅蜜，故說般若波羅蜜。世尊！當知是人則與無上希有之法而共相應，聞說經時能生實想。

谛译：爾時，淨命須菩提由法利疾，即便悲泣，收淚而言：“希有！世尊！希有！修伽陀！如此經典如來所說，我從昔來至得聖慧，未曾聞說如是經典。何以故？世尊說般若波羅蜜，即非般若波羅蜜，故說般若波羅蜜。世尊！當知是人則與無上希有之法而共相應，聞說經時能生實想。

笈译：爾時，命者善實，法疾轉力淚出，彼淚拭已，世尊邊如是言：“希有，世尊！最勝希有，善逝！所有此法本如來說，此我，世尊！智生，不我曾生來，如是色類法本聞先。最勝彼，世尊！希有具足眾生有當，若此經中說中，實想發生當。

奘译：爾時，具壽善現聞法威力，悲泣墮淚，俛仰捫淚而白佛言：“甚奇希有！世尊！最極希有！善逝！如來今者所說法門，普為發趣最上乘者作諸義利，普為發趣最勝乘者作諸義利。世尊！我昔生智以來，未曾得聞如是法門。世尊！若諸有情聞說如是甚深經典，生真實想，當知成就最勝希有。

义译：爾時，妙生聞說是經，深解義趣，涕淚悲泣而白佛言：“希有！世尊！我從生智以來，未曾得聞如是深經。世尊！當何名此經？我等云何奉持？”佛告妙生：“是經名為般若波羅蜜多，如是應持。何以故？佛說般若波羅蜜多，則非般若波羅蜜多。”“世尊！若復有人聞說是經生實想者，當知是人最上希有。”

① 此处“利疾”对应 vega，词义为冲力、快速、迅猛或迅疾。

तत्कस्य हेतोः या चैषा भगवन् भूतसंज्ञा सैवाभूतसंज्ञा। तस्मात्तथागतो भाषते भूतसंज्ञा भूतसंज्ञेति। न मम भगवन्दुष्करं यदहमिमं धर्मपर्यायं भाष्य-माणमवकल्पयामि अधिमुच्ये। येऽपि ते भगवन्सत्त्वा भविष्यन्त्यनागतेऽध्वनि पश्चिमे काले पश्चिमे समये पश्चिमायां पञ्चशत्यां सद्धर्मविप्रलोपे वर्तमाने य इमं भगवन्धर्मपर्यायमुद्ग्रहीष्यन्ति धारयिष्यन्ति वाचयिष्यन्ति पर्यवाप्स्यन्ति परेभ्यश्च विस्तरेण संप्रकाशयिष्यन्ति ते परमाश्चर्येण समन्वागता भविष्यन्ति।

今译："为什么？世尊！这真实想也就是非真实想，因此如来说真实想、真实想。世尊！闻听宣说的这个法门，我接受和信奉并不难。世尊！同样，在未来世末时，最后的时候，最后的五百年，正法毁坏时，世尊！那些众生会获取、受持、诵读和通晓这个法门，并向他人详细解说，他们会具有无上的奇迹。

什译："世尊！是實相者，則是非相，是故如來說名實相。世尊！我今得聞如是經典，信解受持不足為難。若當來世，後五百歲，其有眾生得聞是經，信解受持，是人則為第一希有。

菩译："世尊！是實相者則是非相，是故如來說名實相、實相。世尊！我今得聞如是法門，信解受持，不足為難。若當來世其有眾生得聞是法門，信解受持，是人則為第一希有。

留译："世尊！是實想者，實非有想，是故如來說名實想、說名實想。世尊！此事於我非為希有，正說經時，我生信解。世尊！於未來世若有眾生恭敬受持，為他正說，當知是人則與無上希有之法而共相應。

谛译："世尊！是實想者，實非有想，是故如來說名實想、說名實想。世尊！此事於我非為希有，正說經時，我生信解。世尊！於未來世若有眾生恭敬受持，為他正說，當知是人則與無上希有之法而共相應。

笈译："彼何所因？若此，世尊！實想，彼如是非想，彼故如來說實想、實想者。不我，世尊！希有，若我此法本說中，信我，解我。

若彼，世尊！衆生有當，未來世，此法本受當，持當，讀當，誦當，他等及分别廣說當，彼最勝希有具足有當。

奘译：“何以故？世尊！諸真實想、真實想者，如來說為非想，是故如來說名真實想、真實想。世尊！我今聞說如是法門，領悟信解未為希有。若諸有情於當來世、後時、後分、後五百歲，正法將滅時分轉時，當於如是甚深法門領悟信解，受持讀誦，究竟通利及廣為他宣說開示，如理作意，當知成就最勝希有。

义译：“世尊！此實想者，即非實想，是故如來說名實想、實想。世尊！我聞是經，心生信解，未為希有。若當來世有聞是經能受持者，是人則為第一希有。

अपि तु खलु पुनर्भगवन् न तेषामात्मसंज्ञा प्रवर्तिष्यते न सत्त्वसंज्ञा न जीवसंज्ञा न पुद्गलसंज्ञा प्रवर्तिष्यते नापि तेषां काचित्संज्ञा नासंज्ञा प्रवर्तते। तत्कस्य हेतोः या सा भगवन्नात्मसंज्ञा सैवासंज्ञा। या सत्त्वसंज्ञा जीवसंज्ञा पुद्गलसंज्ञा सैवासंज्ञा। तत्कस्य हेतोः सर्वसंज्ञापगता हि बुद्धा भगवन्तः।

今译：“再有，世尊！他们不会转出我想，不会转出众生想、生命想和人想。他们也不转出任何想和非想。为什么？世尊！这种我想也就是非想。这种众生想、生命想和人想也就是非想。为什么？因为诸佛世尊远离一切想。”

什译：“何以故？此人無我相、人相、衆生相、壽者相。所以者何？我相即是非相，人相、衆生相、壽者相即是非相。何以故？離一切諸相，則名諸佛。”

菩译：“何以故？此人無我相、人相、衆生相、壽者相。何以故？我相即是非相，人相、衆生相、壽者相即是非相。何以故？離一切諸相，則名諸佛。”

留译：“世尊！此人無復我想、衆生想、壽者想、受者想。何以故？我想、衆生想、壽者想、受者想即是非想。何以故？諸佛世尊解脫諸想盡無餘故。”

谛译：“世尊！此人無復我想、眾生想、壽者想、受者想。何以故？我想、眾生想、壽者想、受者想即是非想。何以故？諸佛世尊解脫諸想盡無餘故。”

笈译：“雖然復次時，世尊！不彼等菩薩摩訶薩我想轉當，不眾生想、不壽想、不人想轉當。彼何所因？若彼，世尊！我想，彼如是非想。若及如是眾生想、壽想、人想，彼如是非想。彼何所因？一切想遠離此佛世尊。”

奘译：“何以故？世尊！彼諸有情無我想轉，無有情想、無命者想、無士夫想、無補特伽羅想、無意生想、無摩納婆想、無作者想、無受者想轉。所以者何？世尊！諸我想即是非想，諸有情想、命者想、士夫想、補特伽羅想、意生想、摩納婆想、作者想、受者想即是非想。何以故？諸佛世尊離一切想。”

义译：“何以故？彼人無我想、眾生想、壽者想、更求趣想。所以者何？世尊！我想、眾生想、壽者想、更求趣想即是非想。所以者何？諸佛世尊離諸想故。”

एवमुक्ते भगवानायुष्मन्तं सुभूतिमेतदवोचत्-- एवमेतत्सुभूते एवमेतत्। परमाश्चर्यसमन्वागतास्ते सत्त्वा भविष्यन्ति य इह सुभूते सूत्रे भाष्यमाणे नोत्त्रसिष्यन्ति न संत्रसिष्यन्ति न संत्रासमापत्स्यन्ते। तत्कस्य हेतोः परमपारमितेयं सुभूते तथागतेन भाषिता यदुतापारमिता। यां च सुभूते तथागतः परमपारमितां भाषते तामपरिमाणा अपि बुद्धा भगवन्तो भाषन्ते। तेनोच्यते परमपारमितेति।

今译：这样说罢，世尊对长老须菩提说道：“正是这样，须菩提啊，正是这样。这些众生闻听此经，不惊恐，不恐慌，不惧怕，须菩提啊，他们会具有无上的奇迹。为什么？须菩提啊，如来所说的第一波罗蜜多[1]也就是非波罗蜜多。无数佛世尊也宣说如来宣说的第一波罗蜜多，因此称为第一波罗蜜多。

什译：佛告須菩提："如是，如是！若復有人得聞是經，不驚，不怖，不畏，當知是人甚為希有。何以故？須菩提！如來說第一波羅蜜非第一波羅蜜，是名第一波羅蜜。

菩译：佛告須菩提："如是，如是！若復有人得聞是經，不驚，不怖，不畏，當知是人甚為希有。何以故？須菩提！如來說第一波羅蜜非第一波羅蜜。如來說第一波羅蜜者，彼無量諸佛亦說波羅蜜，是名第一波羅蜜。

留译：說是言已，佛告須菩提："如是，須菩提！如是。當知是人則與無上希有之法而共相應。是人聞說此經，不驚，不怖，不畏。何以故？須菩提！此法如來所說是第一波羅蜜。此波羅蜜如來所說，無量諸佛亦如是說，是故說名第一波羅蜜。

谛译：說是言已，佛告須菩提："如是，須菩提！如是。當知是人則與無上希有之法而共相應。是人聞說此經，不驚，不怖，不畏。何以故？須菩提！此法如來所說是第一波羅蜜。此波羅蜜如來所說，無量諸佛亦如是說，是故說名第一波羅蜜。

笈译：如是語已，世尊命者善實邊如是言："如是，如是！善實！如是，如是！如言汝，最勝希有具足彼眾生有當。若此經中說中，不驚當，不怖當，不畏當。彼何所因？最勝彼岸到，此，善實！如來說，若及[2]，善實！如來最勝彼岸到說，彼無量亦佛、世尊說，彼故說名最勝彼岸到者。

奘译：作是語已，爾時，世尊告具壽善現言："如是！如是！善現！若諸有情聞說如是甚深經典，不驚不懼，無有怖畏，當知成就最

① "第一波罗蜜多"（或译"最胜波罗蜜多"）即至高无上的波罗蜜多。而依据本经主旨，也可理解为特指般若（智慧）波罗蜜多。

② 此处按原文提到"如来所说的第一波罗蜜多也就是非波罗蜜多"。缪勒本此处也有这句。而奘译此处与笈译一致，但奘译在这段末尾提到"如来说最胜波罗蜜多即非波罗蜜多"。

勝希有。何以故？善現！如來說最勝波羅蜜多，謂般若波羅蜜多。善現！如來所說最勝波羅蜜多，無量諸佛世尊所共宣說，故名最勝波羅蜜多。如來說最勝波羅蜜多即非波羅蜜多，是故如來說名最勝波羅蜜多。

义译：“妙生！如是，如是！若復有人得聞是經，不驚，不怖，不畏，當知是人第一希有。何以故？妙生！此最勝波羅蜜多是如來所說諸波羅蜜多。如來說者，即是無邊佛所宣說，是故名為最勝波羅蜜多。

अपि तु खलु पुनः सुभूते या तथागतस्य क्षान्तिपारमिता सैवापारमिता। तत्कस्य हेतोः यदा मे सुभूते कलिङ्गराजाङ्गप्रत्यङ्गमांसान्यच्छैत्सीत्तस्मिन्समय आत्मसंज्ञा वा सत्त्वसंज्ञा वा जीवसंज्ञा वा पुद्गलसंज्ञा वा नापि मे काचित्संज्ञा वासंज्ञा वा बभूव। तत्कस्य हेतोः सचेन्मे सुभूते तस्मिन्समय आत्मसंज्ञा-भविष्यद्व्यापादसंज्ञापि मे तस्मिन् समयेऽभविष्यत्। सचेत्सत्त्वसंज्ञा जीवसंज्ञा पुद्गलसंज्ञाभविष्यद्व्यापादसंज्ञापि मे तस्मिन्समयेऽभविष्यत्।

今译：“再有，须菩提啊，如来的忍辱波罗蜜多也就是非波罗蜜多。为什么？须菩提啊，过去羯陵伽王割碎我的肢体骨肉时①，我没有我想、众生想、生命想或人想，也没有任何想或非想。为什么？如果那时我有我想，我也就会有憎恨想。如果那时我有众生想、生命想和人想，我也就会有憎恨想。

什译：須菩提！忍辱波羅蜜，如來說非忍辱波羅蜜。何以故？須菩提！如我昔為歌利②王割截身體，我於爾時無我相，無人相，無眾生相，無壽者相。何以故？我於往昔節節支解時，若有我相、人相、眾生相、壽者相，應生瞋恨。何以故？我於往昔節節支解時，若有我相、

---

① 巴利语《本生经》第 313《忍辱法本生》（khantivādījātaka）讲述释迦牟尼前生曾是一位宣说忍辱法的仙人，被迦尸国王羯罗浮（kalābu）下令砍掉手脚，割去耳鼻。汉译佛经中也多次记载这个佛本生故事，如《贤愚经》卷二《羼提波梨品》，其中的暴君是“波罗奈国迦利王”。玄奘《大唐西域记》卷三《乌仗那国》中也提及这位“忍辱仙”，暴君名为“羯利王”。

② “歌利”对应 kaliṅga（“羯陵伽”）。此词留译和谛译“迦陵伽”，奘译“羯利”，义译“羯陵伽”，应该是同名异译。

人相、眾生相、壽者相，應生瞋恨。

菩译：“須菩提！如來說忍辱波羅蜜，即非忍辱波羅蜜。何以故？須菩提！如我昔為歌利王割截身體，我於爾時無我相，無眾生相，無人相，無壽者相，無相，亦非無相。何以故？須菩提！我於往昔節節支解時，若有我相、眾生相、人相、壽者相，應生瞋恨。

留译：“復次，須菩提，是如來忍辱波羅蜜即非波羅蜜。何以故？須菩提！昔時我為迦陵伽王斬斫身體骨肉離碎，我於爾時無有我想、眾生想、壽者想、受者想，無想，非無想。何以故？須菩提！我於爾時若有我想、眾生想、壽者想、受者想，是時則應生瞋恨想。

谛译：“復次，須菩提！如來忍辱波羅蜜即非波羅蜜。何以故？須菩提！昔時，我為迦陵伽王斬斫身體，骨肉雖碎，我於爾時無有我想、眾生想、壽者想、受者想，無想，非無想。何以故？須菩提！我於爾時若有我想、眾生想、壽者想、受者想，是時則應生瞋恨想。

笈译：“雖然復次時，善實！若如來忍彼岸到，彼如是非彼岸到。彼何所因？此時，我，善實！惡王分別分肉割斷，不時我彼中時我想若，眾生想若，壽想若，人想若，不我有想非想有。彼何所因？若我，善實！彼中時我想有，瞋恨想亦我彼中時有。眾生想、壽想、人想有，瞋恨想亦我彼中時有。

奘译：“復次，善現！如來說忍辱波羅蜜多即非波羅蜜多，是故，如來說名忍辱波羅蜜多。何以故？善現！我昔過去世曾為羯利王斷支節肉，我於爾時都無我想，或有情想，或命者想，或士夫想，或補特伽羅想，或意生想，或摩納婆想，或作者想，或受者想，我於爾時都無有想亦非無想。何以故？善現！我於爾時若有我想，即於爾時應有恚想。我於爾時若有有情想、命者想、士夫想、補特伽羅想、意生想、摩納婆想、作者想、受者想，即於爾時應有恚想。

义译：“妙生！如來說忍辱波羅蜜多，即非忍辱波羅蜜多。何以故？如我昔為羯陵伽王割截支體時，無我想、眾生想、壽者想、更求趣想。我無是想，亦非無想。所以者何？我有是想者，應生瞋恨。

तत्कस्य हेतोः अभिजानाम्यहं सुभूतेऽतीतेऽध्वनि पञ्चजातिशतानि यदहं क्षान्तिवादी ऋषिरभूवम्। तत्रापि मे नात्मसंज्ञा बभूव न सत्त्वसंज्ञा न जीवसंज्ञा न पुद्गलसंज्ञा बभूव।तस्मात्तर्हि सुभूते बोधिसत्त्वेन महासत्त्वेन सर्वसंज्ञा विवर्जयित्वानुत्तरायां सम्यक्संबोधौ चित्तमुत्पादयितव्यम्। न रूपप्रतिष्ठितं चित्तमुत्पादयितव्यम्। न शब्दगन्धरसस्प्रष्टव्यधर्मप्रतिष्ठितं चित्तमुत्पादयितव्यम्। न धर्मप्रतिष्ठितं चित्तमुत्पादयितव्यम्। नाधर्मप्रतिष्ठितं चित्तमुत्पादयितव्यम्। न क्वचित्प्रतिष्ठितं चित्तमुत्पादयितव्यम्।

今译："为什么？须菩提啊，我记得过去世五百生，我是宣说忍辱的仙人。在那时，我就没有我想，没有众生想、生命想和人想。因此，须菩提啊，菩萨大士应该远离一切想，发起无上正等菩提心。不应该产生住于色的心，不应该产生住于声、香、味、触和法的心。不应该产生住于法的心，不应该产生住于非法的心。不应该产生有所住的心。

什译："須菩提！又念過去於五百世作忍辱仙人，於爾所世無我相，無人相，無眾生相，無壽者相。是故，須菩提！菩薩應離一切相，發阿耨多羅三藐三菩提心，不應住色生心，不應住聲香味觸法生心，應生無所住心。

菩译："須菩提！又念過去於五百世作忍辱仙人，於爾所世無我相、無眾生相、無人相、無壽者相。是故，須菩提！菩薩應離一切相，發阿耨多羅三藐三菩提心。菩薩應離一切相，發阿耨多羅三藐三菩提心[①]。何以故？若心有住，則為非住[②]。不應住色生心，不應住聲、香、味、觸、法生心，應生無所住心。

留译："須菩提！我憶過去五百生中作大仙人，名曰說忍。於爾

① 这句重复前一句，据《中华大藏经》校勘记，《资》、《碛》、《普》、《南》、《径》、《清》、《丽》"无此十八字，系衍文"。
② 菩译这句见于原文下一段。

生中，心無我想、眾生想、壽者想、受者想。是故，須菩提！菩薩摩訶薩捨離一切想，於無上菩提應發起心，不應生住色心，不應生住聲、香、味、觸心，不應生住法心，不應生住非法心，不應生有所住心。

谛译：“須菩提！我憶過去五百生作大仙人，名曰說忍。於爾所生中，心無我想、眾生想、壽者想、受者想。是故，須菩提！菩薩摩訶薩捨離一切想，於無上菩提應發起心，不應生住色心，不應生住聲、香、味、觸心，不應生住法心，不應生住非法心，不應生有所住心。

笈译：“念知我，善實！過去世五百生，若我忍語仙人有，彼中亦我不想有，不眾生想、不壽想、不人想，不亦我有想非想有[①]。彼故此，善實！菩薩摩訶薩一切想捨離，無上正遍知心發生應，不色住心發生應，不聲、香、味、觸住心發生應，不法住、非無法住心發生應，無所住心發生應。

奘译：“何以故？善現！我憶過去五百生中曾為自號忍辱仙人，我於爾時都無我想，無有情想，無命者想，無士夫想，無補特伽羅想，無意生想，無摩納婆想，無作者想，無受者想，我於爾時都無有想亦非無想。是故，善現！菩薩摩訶薩遠離一切想，應發阿耨多羅三藐三菩提心，不住於色應生其心，不住非色應生其心，不住聲、香、味、觸、法應生其心，不住非聲、香、味、觸、法應生其心，都無所住應生其心。

义译：“妙生！又念過去於五百世作忍辱仙人，我於爾時無如是等想。是故，應離諸想，發趣無上菩提之心，不應住色、聲、香、味、觸、法，都無所住而生其心。不應住法，不應住非法，應生其心。

तत्कस्य हेतोः यत्प्रतिष्ठितं तदेवाप्रतिष्ठितम्। तस्मादेव तथागतो भाषते--अप्रतिष्ठितेन बोधिसत्त्वेन दानं दातव्यम्। न रूपशब्दगन्धरसस्प्रष्टव्यधर्मप्रतिष्ठितेन दानं दातव्यम्। अपि तु खलु पुनः सुभूते बोधिसत्त्वेनैवंरूपो दानपरित्यागः कर्तव्यः

---

① 此处这句“不亦我有想非想有”不见于原文，而奘译也有这句。原文前面一段中有这句。

सर्वसत्त्वानामर्थाय। तत्कस्य हेतोः या चैषा सुभूते सत्त्वसंज्ञा सैवासंज्ञा। य एवं ते सर्वसत्त्वास्तथागतेन भाषितास्त एवासत्त्वाः। तत्कस्य हेतोः भूतवादी सुभूते तथागतः सत्यवादी तथावाद्यनन्यथावादी तथागतः न वितथवादी तथागतः।

今译：“为什么？住也就是不住，因此如来说菩萨应该无所住而布施，不应该住于色、声、香、味、触和法而布施。再有，须菩提啊，菩萨应该为了一切众生的利益而这样布施。为什么？须菩提啊，这众生想也就是非想。如来所说的一切众生也就是非众生。为什么？须菩提啊，如来是说真实者。如来是说真谛者，说如实者，说不异者[①]。如来不是说虚妄者。

什译：“若心有住，則為非住，是故佛說菩薩心不應住色布施。須菩提！菩薩為利益一切衆生，應如是布施。如來說一切諸相，即是非相。又說一切衆生，則非衆生。須菩提！如來是真語者、實語者、如語者、不誑語者、不異語者。

菩译：“是故，佛說菩薩心不住色布施。須菩提！菩薩為利益一切衆生，應如是布施。”須菩提言：“世尊！一切衆生相即是非相。何以故？如來說一切衆生，即非衆生。”[②]“須菩提！如來是真語者、實語者、如語者、不異語者。

留译：“何以故？若心有住，則為非住，故如來說菩薩無所住心應行布施。復次，須菩提！菩薩應如是行施，為利益一切衆生。此衆生想即是非想。如是一切衆生，如來說即非衆生。何以故？諸佛世尊遠離一切想故。[③]須菩提！如來說實，說諦，說如，說非虛妄。

谛译：“何以故？若心有住，則為非住，故如來說菩薩無所住心應行布施。復次，須菩提！菩薩應如是行施，為利益一切衆生。此衆生想即是非想。如是一切衆生，如來說即非衆生。何以故？諸佛世尊遠離一切想故。須菩提！如來說實，說諦，說如，說非虛妄。

① “说不异者”（ananyathāvādin）指说者所说不怪异荒谬，而真实可靠。
② 菩译这句将佛说的话改译成须菩提说的话。
③ 此处留译和谛译“何以故？……”这句不见于原文，而义译也有这句。

笈译：“彼何所因？若無所住，彼如是住。彼故，如是如來說不色住菩薩摩訶薩施與應，不聲、香、味、觸、法住施與應。雖然復次時，善實！菩薩摩訶薩如是捨施應，一切眾生為故。彼何所因？若如是，善實！眾生想，彼如是非想。若如是，彼一切眾生如來說，彼如是非眾生。彼何所因？真語，善實！如來，實語如來，不異語如來，如語如來，非不如語如來。

奘译：“何以故？善現！諸有所住則為非住，是故如來說諸菩薩應無所住而行布施，不應住色、聲、香、味、觸、法而行布施。復次，善現！菩薩摩訶薩為諸有情作義利故，應當如是棄捨布施。何以故？善現！諸有情想即是非想。一切有情，如來即說為非有情。善現！如來是實語者、諦語者、如語者、不異語者。

义译：“何以故？若有所住，即為非住，是故佛說菩薩應無所住而行布施。妙生！菩薩為利益一切眾生，應如是布施。此眾生想即為非想，彼諸眾生即非眾生。何以故？諸佛如來離諸想故。妙生！如來是實語者、如語者、不誑語者、不異語者。

अपि तु खलु पुनः सुभूते यस्तथागतेन धर्मोऽभिसंबुद्धो देशितो निध्यातो न तत्र सत्यं न मृषा। तद्यथापि नाम सुभूते पुरुषोऽन्धकारप्रविष्टो न किंचिदपि पश्येत् एवं वस्तुपतितो बोधिसत्त्वो द्रष्टव्यो यो वस्तुपतितो दानं परित्यजति। तद्यथापि नाम सुभूते चक्षुष्मान् पुरुषः प्रभातायां रात्रौ सूर्येऽभ्युद्गते नानाविधानि रूपाणि पश्येदेवमवस्तुपतितो बोधिसत्त्वो द्रष्टव्यो योऽवस्तुपतितो दानं परित्यजति।

今译：“再有，须菩提啊，如来觉知、宣示和思考的法，里面既非真实，也非虚假。譬如，须菩提啊，有人进入黑暗，一无所见。应该这样看待陷入事物的菩萨陷入事物而布施。譬如，须菩提啊，黑夜破晓，太阳升起时，有眼的人看见种种色。应该这样看待不陷入事物的菩萨不陷入事物而布施。

什译：“須菩提！如來所得法，此法無實無虛。須菩提！若菩薩心住於法而行布施，如人入闇，則無所見。若菩薩心不住法而行布施，如人有目，日光明照，見種種色。

菩译：“須菩提！如來所得法，所說法，無實無妄語。須菩提！譬如有人入闇，則無所見。若菩薩心住於事而行布施，亦復如是。須菩提！譬如人有目，夜分已盡，日光明照，見種種色。若菩薩不住於事行於布施，亦復如是。

留译：“復次，須菩提！是法如來所覺，是法如來所說，是法非實非虛。須菩提！譬如有人在於盲闇，如是當知菩薩墮相，行墮相施。須菩提！如人有目，夜已曉時，晝日光照，見種種色，如是當知菩薩不墮於相，行無相施[①]。

谛译：“復次，須菩提！是法如來所覺，是法如來所說，是法非實非虛。須菩提！譬如有人在於盲暗，如是當知菩薩墮相，行墮相施。須菩提！如人有目，夜已曉，晝日光照，見種種色，如是當知菩薩不墮於相，行無相施。

笈译：“雖然復次時，善實！若如來法證覺，說若，思惟若，不彼中實不妄。譬如，善實！丈夫闇舍入，不一亦見，如是事墮菩薩見應，若事墮施與。譬如，善實！眼者丈夫，顯明[②]夜月[③]出，種種色見，如是菩薩摩訶薩見應，若事不墮施與。

奘译：“復次，善現！如來現前等所證[④]法，或所說法，或所思法，即於其中非諦非妄。善現！譬如士夫入於闇室，都無所見，當知菩薩若墮於事，謂墮於事而行布施亦復如是。善現！譬如明眼士夫過夜曉已，日光出時見種種色，當知菩薩不墮於事，謂不墮事而行布施亦復如是。

义译：“妙生！如來所證法及所說法，此即非實非妄。妙生！若

① 留译和谛译这段中的“相”按原文应为 “事”（vastu）。

② 此处“显明”的原词是 prabhāta，词义为破晓。

③ 此处“月”应为“日”。

④ 此处“现前等所证”的原词是 abhisambuddha，其中的 buddha 词义为觉知或证得，前面有两个词缀 abhi 和 sam，abhi 表示向前，sam 表示完全。故而，此词奘译“现前等所证”。

菩薩心住於事而行布施，如人入闇，則無所見。若不住事而行布施，如人有目，日光明照，見種種色。是故，菩薩不住於事應行其施。

अपि तु खलु पुनः सुभूते ये कुलपुत्रा वा कुलदुहितरो वेमं धर्मपर्यायमुद्ग्रहीष्यन्ति धारयिष्यन्ति वाचयिष्यन्ति पर्यवाप्स्यन्ति परेभ्यश्च विस्तरेण संप्रकाशयिष्यन्ति ज्ञातास्ते सुभूते तथागतेन बुद्धज्ञानेन दृष्टास्ते सुभूते तथागतेन बुद्धचक्षुषा बुद्धास्ते तथागतेन। सर्वे ते सुभूते सत्त्वा अप्रमेयमसंख्येयं पुण्यस्कन्धं प्रसविष्यन्ति प्रतिग्रहीष्यन्ति॥ १४॥

今译：“再有，须菩提啊，这些善男子或善女人会获取、受持、诵读和通晓这个法门，并向他人详细解说。须菩提啊，如来凭佛智知道他们。须菩提啊，如来凭佛眼看见他们，如来觉知他们。须菩提啊，所有这些众生都会产生和获得无量无数功德藏。

什译：“須菩提！當來之世，若有善男子、善女人能於此經受持讀誦，則為如來以佛智慧悉知是人，悉見是人，皆得成就無量無邊功德。

菩译：“復次，須菩提！若有善男子、善女人能於此法門，受持，讀誦，修行，則為如來以佛智慧悉知是人，悉見是人，悉覺是人，皆得成就無量無邊功德聚。

留译：“復次，須菩提！於未來世，若有善男子、善女人受持，讀誦，修行，為他正說如是經典，如來悉知是人，悉見是人，生長無量福德之聚。

谛译：“復次，須菩提！於未來世，若有善男子、善女人受持，讀誦，修行，為他正說如是經典，如來悉知是人，悉見是人，生長無量福德之聚。

笈译：“雖然復次時，善實！若善家子[1]、善家女若，此法本受當，持當，讀當，誦當，為他等及分別廣說當。知彼，善實！如來佛

① 此处“若”应在“善家子”后。

智，見彼，善實！如來佛眼。[①]一切彼，善實！眾生無量福聚生當取當。

奘译：“復次，善現！若善男子或善女人於此法門受持讀誦，究竟通利及廣為他宣說開示，如理作意，則為如來以其佛智悉知是人，則為如來以其佛眼悉見是人，則為如來悉覺是人。如是有情一切當生無量福聚。

义译：“妙生！若有善男子、善女人能於此經受持讀誦，為他演說。如是之人，佛以智眼悉知悉見，當生當攝無量福聚。

यश्च खलु पुनः सुभूते स्त्री वा पुरुषो वा पूर्वाह्णकालसमये गङ्गानदीवालुकासमानात्मभावान्परित्यजेदेवं मध्याह्णकालसमये गङ्गानदीवालुकासमानात्मभावान्परित्यजेत्सायाह्णकालसमये गङ्गानदीवालुकासमानात्मभावान् परित्यजेदनेन पर्यायेण बहूनि कल्पकोटिनियुतशतसहस्त्राण्यात्मभावान्परित्यजेत् यश्चेमं धर्मपर्यायं श्रुत्वा न प्रतिक्षिपेत् अयमेव ततोनिदानं बहुतरं पुण्यस्कन्धं प्रसुनुयादप्रमेयमसंख्येयम् कः पुनर्वादो यो लिखित्वोद्गृह्णीयाद्धारयेद्वाचयेत्पर्यवाप्नुयात्परेभ्यश्च विस्तरेण संप्रकाशयेत्।

今译：“再有，须菩提啊，若有女人或男子在早晨舍弃如同恒河沙数的身体。同样，在中午舍弃如同恒河沙数的身体，在黄昏舍弃如同恒河沙数的身体。而且，依此方式舍弃，历经数百千俱胝那由多[②]劫。而若听取这个法门，不排斥，他就会由此因缘产生更多的无量无数功德藏，更不用说刻写、获取、受持、诵读和通晓，并向他人详细解说。

什译：“須菩提！若有善男子、善女人初日分以恒河沙等身布施，中日分復以恒河沙等身布施，後日分亦以恒河沙等身布施，如是無量百千萬億劫以身布施。若復有人聞此經典，信心不逆，其福勝彼，何況書寫，受持，讀誦，為人解說。

菩译：“須菩提！若有善男子、善女人初日分以恒河沙等身布施，

① 按原文出处还有“如来觉知他们”一句，奘译也有这句。

② “俱胝”（koṭi）和“那由多”（niyuta，也译“那由他”）是相当于百万、千万或亿一类的大数字。

中日分復以恒河沙等身布施，後日分復以恒河沙等身布施，如是捨恒河沙等無量身，如是百千萬億那由他劫以身布施。若復有人聞此法門，信心不謗，其福勝彼無量阿僧祇，何況書寫，受持，讀誦，修行，為人廣說。

留译："復次，須菩提！若有善男子、善女人於日前分布施身命，如上所說諸河沙數。於日中分布施身命，於日後分布施身命，皆如上說諸河沙數，如是無量百千萬億劫以身命布施。若復有人聞此經典，不起誹謗，以是因緣生福德多彼無數無量，何況有人書寫，受持，讀誦，教他修行，為人廣說。

谛译："復次，須菩提！若有善男子、善女人於日前分布施身命，如上所說諸河沙數。於日中分布施身命，於日後分布施身命，皆如上說諸河沙數[①]。若復有人聞此經典，不起誹謗，以是因緣生福多彼無數無量，何況有人書寫，受持，讀誦，教他修行，為人廣說。

笈译："若復時，善實！婦女若，丈夫若，前分時恒伽河沙等我身捨，如是中分時，如是晚分時，恒伽河沙等我身捨。以此因緣劫俱致[②]那由多百千我身捨。若此法本，聞已不謗，此如是彼緣多過福聚生，無量、不可數，何復言若寫已受持讀誦，為他等及分別廣說。

奘译："復次，善現！假使善男子或善女人日初時分以殑伽河沙等自體布施，日中時分復以殑伽河沙等自體布施，日後時分亦以殑伽河沙等自體布施，由此異門[③]經於俱胝那庾多[④]百千劫以自體布施。若有聞說如是法門不生誹謗，由此因緣所生福聚尚多於前無量無數，何況能於如是法門具足畢竟[⑤]，書寫，受持讀誦，究竟通利及廣為他宣說開示，如理作意。

① 这里缺少一句。据《中华大藏经》校勘记，《资》、《碛》、《普》、《南》、《径》、《清》、《丽》此处有"如是无量百千万亿劫以身命布施"。

② "俱致"是 koṭi（"俱胝"）的另一种音译。

③ "异门"的原词是 paryāya，词义为方法、门径或方式。

④ "那庾多"是 niyuta（"那由多"）的另一种音译。

⑤ 此处"具足毕竟"不见于原文，也是奘译增饰用词。此词意谓彻底通晓。

义译："妙生！若有善男子、善女人初日分以弶伽河沙等身布施，中日分復以弶伽河沙等身布施，後日分亦以弶伽河沙等身布施，如是無量百千萬億劫以身布施。若復有人聞此經典，不生毀謗，其福勝彼，何況書寫，受持，讀誦，為人解說。

अपि तु खलु पुनः सुभूतेऽचिन्त्योऽतुल्योऽयं धर्मपर्यायः। अयं च सुभूते धर्मपर्यायस्तथागतेन भाषितोऽग्रयानसंप्रस्थितानां सत्त्वानामर्थाय श्रेष्ठयान-संप्रस्थितानां सत्त्वानामर्थाय। य इमं धर्मपर्यायमुद्ग्रहीष्यन्ति धारयिष्यन्ति वाचयिष्यन्ति पर्यवाप्स्यन्ति परेभ्यश्च विस्तरेण संप्रकाशयिष्यन्ति ज्ञातास्ते सुभूते तथागतेन बुद्धज्ञानेन दृष्टास्ते सुभूते तथागतेन बुद्धचक्षुषा बुद्धास्ते तथागतेन। सर्वे ते सुभूते सत्त्वा अप्रमेयेण पुण्यस्कन्धेन समन्वागता भविष्यन्ति। अचिन्त्येना-तुल्येनामाप्येनापरिमाणेन पुण्यस्कन्धेन समन्वागता भविष्यन्ति।

今译："再有，须菩提啊，这个法门不可思议，无与伦比。须菩提啊，如来为发愿奉行最上乘的众生，为发愿奉行至上乘的众生，宣说这个法门。他们会获取、受持、诵读和通晓这个法门，并向他人详细解说。须菩提啊，如来凭佛智知道他们。须菩提啊，如来凭佛眼看见他们。如来觉知他们。须菩提啊，他们全都会获得无量功德藏，获得不可思议、无与伦比、不可测量、不可计量的功德藏。

什译："須菩提！以要言之，是經有不可思議、不可稱量無邊功德。如來為發大乘者說，為發最上乘者說。若有人能受持讀誦，廣為人說，如來悉知是人，悉見是人，皆得成就不可量、不可稱、無有邊、不可思議功德。

菩译："須菩提！以要言之，是經有不可思議、不可稱量無邊功德。此法門，如來為發大乘者說，為發最上乘者說。若有人能受持讀誦，修行此經，廣為人說，如來悉知是人，悉見是人，皆成就不可思議、不可稱、無有邊、無量功德聚。

留译："復次，須菩提！如是經典不可思量，無能與等。如來但為憐愍利益能行無上乘及行無等乘人說。若復有人於未來世受持讀誦，教他修行，正說是經，如來悉知是人，悉見是人，與無數無量不可思議無等福聚而共相應。

谛译：“復次，須菩提！如是經典不可思量，無能與等。如來但為憐愍利益能行無上乘及行無等乘人說。若復有人於未來世受持讀誦，教他修行，正說是經。如來悉知是人，悉見是人，與無數無量不可思議無等福聚而共相應。

笈译：“雖然復次時，善實！不可思，不可稱此法本，彼不可思如是果報觀察應[①]。此，善實！法本如來說，勝乘發行眾生為故，最勝乘發行眾生為故。若此法本受當，持當，讀當，誦當，為他等及分別廣說當。知彼，善實！如來佛智，見彼，善實！如來佛眼。[②]一切彼，善實！眾生無量福聚具足有當，不可思、不可稱亦不可量福聚具足有當。

奘译：復次，善現！如是法門不可思議，不可稱量，應當希冀不可思議所感異熟[③]。善現！如來宣說如是法門，為欲饒益趣最上乘諸有情故，為欲饒益趣最勝乘諸有情故。善現！若有於此法門受持讀誦，究竟通利，及廣為他宣說開示，如理作意，即為如來以其佛智悉知是人，即為如來以其佛眼悉見是人，則為如來悉覺是人。如是有情一切成就無量福聚，皆當成就不可思議、不可稱量無邊福聚。

义译：“妙生！是經有不可思議、不可稱量無邊功德，如來為發大乘者說，為發最上乘者說。若有人能受持讀誦，廣為他說，如來悉知悉見是人，皆得成就不可量、不可稱、不可思議福業之聚。

सर्वे ते सुभूते सत्त्वाः समांशेन बोधिं धारयिष्यन्ति। तत्कस्य हेतोः न हि शक्यं सुभूतेऽयं धर्मपर्यायो हीनाधिमुक्तिकैः सत्त्वैः श्रोतुं नात्मदृष्टिकैर्न सत्त्वदृष्टिकैर्न जीवदृष्टिकैर्न पुद्गलदृष्टिकैः। नाबोधिसत्त्वप्रतिज्ञैः सत्त्वैः शक्यमयं धर्मपर्यायः श्रोतुं

① 这句“彼不可思如是果报观察应”不见于原文，而奘译有这句。

② 按原文此处有“如来觉知他们”一句。奘译有这句。

③ “异熟”（vipākaphala）指果报。

वोद्गृहीतुं वा धारयितुं वा वाचयितुं वा पर्यवाप्तुं वा। नेदं स्थानं विद्यते।

今译："须菩提啊，所有这些众生会平等分享菩提。为什么？须菩提啊，因为信仰低下的众生，怀有我见、怀有众生见、怀有生命见和怀有人见的众生，不能听取这个法门。不立菩萨誓愿的众生不能听取、获取、受持、诵读或通晓这个法门。这样的情况不存在。

什译："如是人等則為荷擔[①]如來阿耨多羅三藐三菩提。何以故？須菩提！若樂小法者，著我見、人見、眾生見、壽者見，則於此經不能聽受讀誦，為人解說。

菩译：如是人等則為荷擔如來阿耨多羅三藐三菩提。何以故？須菩提！若樂小法者，則於此經不能受持，讀誦，修行，為人解說。若有我見、眾生見、人見、壽者見，於此法門能受持、讀誦、修行、為人解說者，無有是處。

留译："如是等人由我身分[②]，則能荷負無上菩提。何以故？須菩提！如是經典，若下願樂人，及我見、眾生見、壽者見、受者見如此等人，能聽，能修，讀誦，教他正說，無有是處。

谛译："如是等人由我身分，則能荷負無上菩提。何以故？須菩提！如是經典，若下願樂人，及我見、眾生見、壽者見、受者見，如此等人，能聽，能修，讀誦，教他正說，無有是處。

笈译："一切彼，善實！眾生，我肩菩提持當有。彼何所因？不能，善實！此法本小信解者眾生聞，不我見者、不眾生見者、不壽見者、不人見者、不菩薩誓眾生能聞受若，持若，讀若，誦若，無是處有。

奘译："善現！如是一切有情，其肩荷擔如來無上正等菩提。何以故？善現！如是法門非諸下劣信解有情所能聽聞，非諸我見、非諸

① 此处"荷担"的原词是 samāṃśa，其中 sama 的词义为相同或平等，aṃśa 的词义为部分，这个复合词可以译为平等分担或共同分享。而 aṃśa 读音与 aṃsa（"肩"）相近，因此这两个词有时混用，因此也可以读作肩，故而此处什译"荷担"，笈译"肩"。

② 此处"身分"意谓分身，而原文并无此词，可能是从"平等分担"衍生的意思。

有情見、非諸命者見、非諸士夫見、非諸補特伽羅見、非諸意生見、非諸摩納婆見、非諸作者見、非諸受者見所能聽聞。此等若能受持讀誦，究竟通利，及廣為他宣說開示，如理作意，無有是處。

义译：“當知是人則為以肩荷負如來無上菩提。何以故？妙生！若樂小法者，則著我見、眾生見、壽者見、更求趣見，是人若能讀誦受持此經，無有是處。

अपि तु खलु पुनः सुभूते यत्र पृथिवीप्रदेश इदं सूत्रं प्रकाशयिष्यते पूजनीयः स पृथिवीप्रदेशो भविष्यति सदेवमानुषासुरस्य लोकस्य। वन्दनीयः प्रदक्षिणीयश्च स पृथिवीप्रदेशो भविष्यति चैत्यभूतः स पृथिवीप्रदेशो भविष्यति॥ १५॥

今译：“再有，须菩提啊，凡在某个地区，此经得到解说，这个地区便值得世界上天神、凡人和阿修罗供奉。这个地区便值得敬拜和右绕致敬。这个地区便成为塔庙。

什译：“須菩提！在在處處，若有此經，一切世間天、人、阿修羅所應供養，當知此處，則為是塔，皆應恭敬，作禮圍繞，以諸華香而散其處。

菩译：“須菩提！在在處處，若有此經，一切世間天、人、阿修羅所應供養。當知此處，則為是塔，皆應恭敬，作禮圍繞，以諸華香而散其處。

留译：“復次，須菩提！隨所在處，顯說此經，一切世間天、人、阿修羅等皆應供養，作禮右遶。當知此處於世間中此即成支提。

谛译：“復次，須菩提！隨所在處，顯說此經，一切世間天、人、阿修羅等皆應供養，作禮右遶。當知此處於世間中即成支提。

笈译：“雖然復次時，善實！此中地分，此經廣說，供養彼地分有當天、人、阿修羅世，禮右繞作及彼地分有當，支帝彼地分有當。

奘译：“復次，善現！若地方所開此經典，此地方所當為世間諸天及人、阿素洛等之所供養，禮敬右遶如佛靈廟。

义译："妙生！所在之處若有此經，當知此處則是制底，一切世間天、人、阿蘇羅所應恭敬，作禮圍繞，以諸香花供養其處。

अपि तु ये ते सुभूते कुलपुत्रा वा कुलदुहितरो वेमानेवंरूपान् सूत्रान्तानुद्ग्रहीष्यन्ति धारयिष्यन्ति वाचयिष्यन्ति पर्यवाप्स्यन्ति योनिशश्च मनसिकरिष्यन्ति परेभ्यश्च विस्तरेण संप्रकाशयिष्यन्ति ते परिभूता भविष्यन्ति सुपरिभूताश्च भविष्यन्ति। तत्कस्य हेतोः यानि च तेषां सुभूते सत्त्वानां पौर्वजन्मिकान्यशुभानि कर्माणि कृतान्यपायसंवर्तनीयानि दृष्ट एव धर्मे तया परिभूततया तानि पौर्वजन्मिकान्यशुभानि कर्माणि क्षपयिष्यन्ति बुद्धबोधिं चानुप्राप्स्यन्ति।

今译："然而，须菩提啊，有些善男子或善女人获取、受持、诵读、通晓和正确思考这样的经典，并向他人详细解说，却会受到轻视，受到屈辱。为什么？须菩提啊，因为这些众生在前生犯有恶业，应该堕入恶道。而在现世[①]，他们凭借这种受辱，会消除那些前生的恶业，而获得佛菩提。

什译："復次，須菩提！善男子、善女人受持讀誦此經，若為人輕賤，是人先世罪業應墮惡道，以今世人輕賤故，先世罪業則為消滅，當得阿耨多羅三藐三菩提。

菩译："復次，須菩提！若善男子、善女人受持讀誦此經，為人輕賤。何以故？是人先世罪業應墮惡道，以今世人輕賤故，先世罪業則為消滅，當得阿耨多羅三藐三菩提。

留译："須菩提！若有善男子、善女人受持讀誦，教他修行，正說如是等經，此人現身受輕賤等，過去世中所造惡業，應感生後惡道果報，以於現身受輕苦故，先世罪業及苦果報則為消滅，當得阿耨多羅三藐三菩提。

谛译："須菩提！若有善男子、善女人受持讀誦，教他修行，正說如是等經，此人現身受輕賤等，過去世中所造惡業，應感生後惡道

---

① 此处"现世"的原词是 dṛṣṭadharma，词义为可见的法，即可见的事物或可见的世界，也就是这个世界和现世，故而奘译"现法"，笈译"现如是法"。

果報，以於現身受輕苦故，先世罪業及苦果報則為消滅，當得阿耨多羅三藐三菩提。

笈译：“若彼，善實！善家子若，善家女若，此如是色類經受當，持當，讀當，誦當，為他等及分別廣說當，彼輕賤有當極輕賤。彼何所因？所有彼眾生，前生不善業作已，惡趣轉墮，所有現如是法中輕賤盡當，佛菩提得當。

奘译：“復次，善現！若善男子或善女人於此經典受持讀誦，究竟通利及廣為他宣說開示，如理作意，若遭輕毀，極遭輕毀，所以者何？善現！是諸有情宿生所造諸不淨業應感惡趣，以現法中遭輕毀故，宿生所造諸不淨業皆悉消盡，當得無上正等菩提。

义译：“妙生！若有善男子、善女人於此經典受持讀誦演說之時，或為人輕辱。何以故？妙生！當知是人於前世中造諸惡業，應墮惡道，由於現在得遭輕辱，此為善事，能盡惡業，速至菩提故。

तत्कस्य हेतोः अभिजानाम्यहं सुभूतेऽतीतेऽध्वन्यसंख्येयैः कल्पैरसंख्येयतरैर्दीपंकरस्य तथागतस्यार्हतः सम्यक्संबुद्धस्य परेण परतरेण चतुरशीतिबुद्धकोटिनियुतशतसहस्राण्यभूवन्ये मयारागिता आराग्या न विरागिताः। यच्च मया सुभूते ते बुद्धा भगवन्त आरागिता आराग्या न विरागिताः यच्च पश्चिमे काले पश्चिमे समये पश्चिमायां पञ्चशत्यां सद्धर्मविप्रलोपकाले वर्तमान इमानेवंरूपान् सूत्रान्तानुद्ग्रहीष्यन्ति धारयिष्यन्ति वाचयिष्यन्ति पर्यवाप्स्यन्ति परेभ्यश्च विस्तरेण संप्रकाशयिष्यन्ति

今译：“为什么？须菩提啊，我记得过去世远早于燃灯如来、阿罗汉、正等觉更多无数劫，我曾经亲近和侍奉而不疏远八十四百千俱胝那由多佛。须菩提啊，我亲近、侍奉而不疏远诸佛世尊，而在末时，最后的时候，最后的五百年，正法毁坏时，他们会获取、受持、诵读和通晓这样的经典，并向他人详细解说。

什译：“須菩提！我念過去無量阿僧祇劫於然燈佛前，得值八百四千萬億那由他諸佛，悉皆供養承事，無空過者。若復有人於後世末世，能受持、讀誦、修行此經。

菩译："須菩提！我念過去無量阿僧祇阿僧祇劫，於燃燈佛前，得值八十四億那由他百千萬諸佛，我皆親承供養，無空過者。須菩提！如是無量諸佛，我皆親承供養，無空過者。若復有人於後世末世，能受持、讀誦、修行此經。

留译："須菩提！我憶往昔無數無量過於算數過去，燃燈如來、阿羅訶、三藐三佛陀後，八萬四千百千俱胝諸佛如來已成佛竟，我皆承事供養恭敬，無空過者。若復有人於後末世五十[①]歲時，受持讀誦，教他修行，正說此經。

谛译："須菩提！我憶往昔無數無量過於算數大劫過去，然燈如來、阿羅訶、三藐三佛陀後，八萬四千百千俱胝諸佛如來已成佛竟，我皆承事供養恭敬，無空過者。若復有人於後末世五百歲時，受持讀誦，教他修行，正說此經。

笈译："彼何所因？念知我，善實！過去世不可數，劫不可數，過燈作如來、應、正遍知，他他過[②]四八十佛俱致那由多百千有，若我親承供養，親承供養已，不遠離。若我，善實！彼佛、世尊親承供養已，不遠離，若後時、後長時、後分五百，正法破壞時中轉時中，此經受當、持當、讀當、誦當，為他等及分別廣說當。

奘译：何以故？善現！我憶過去於無數劫復過無數，於然燈如來、應、正等覺先復過先，曾值八十四俱胝那庾多百千諸佛，我皆承事，既承事已，皆無違犯。善現！我於如是諸佛世尊皆得承事，既承事已皆無違犯。若諸有情後時、後分、後五百歲，正法將滅時分轉時，於此經典受持讀誦，究竟通利及廣為他宣說開示，如理作意。

义译："妙生！我憶過去過無數劫，在然燈佛先，得值八十四億那庾多佛，悉皆供養承事，無違背者。若復有人於後五百歲正法滅時，

① 此处"五十"应为"五百"。
② 此处"他他过"对应 pareṇa paratareṇa，意思是比过去更过去，即非常久远的。

能於此經受持讀誦，解其義趣，廣為他說。

अस्य खलु पुनः सुभूते पुण्यस्कन्धस्यान्तिकादसौ पौर्वकः पुण्यस्कन्धः शततमीमपि कलां नोपैति सहस्रतमीमपि शतसहस्रतमीमपि कोटितमीमपि कोटिशततमीमपि कोटिशतसहस्रतमीमपि कोटिनियुतशतसहस्रतमीमपि। संख्यामपि कलामपि गणनामपि उपमामपि उपनिषदमपि यावदौपम्यमपि न क्षमते। सचेत्पुनः सुभूते तेषां कुलपुत्राणां कुलदुहितॄणां वाहं पुण्यस्कन्धं भाषेयम् यावत्ते कुलपुत्रा वा कुलदुहितरो वा तस्मिन्समये पुण्यस्कन्धं प्रसविष्यन्ति प्रतिग्रहीष्यन्ति उन्मादं सत्त्वा अनुप्राप्नुयुश्चित्तविक्षेपं वा गच्छेयुः।

今译：“确实，须菩提啊，前者的功德藏甚至不及这种功德藏的百分之一，千分之一，俱胝分之一，百俱胝分之一，百千俱胝分之一，百千俱胝那由多分之一，甚至不能计数，计分，计算，比喻，比拟，乃至比较。须菩提啊，如果我宣说这些善男子或善女人的功德藏，也就是这些善男子或善女人在这时会产生和获得这样的功德藏，那么，众生会癫狂困惑，心中迷乱。

什译：“所得功德，於我所供養諸佛功德，百分不及一，千萬億分、乃至算數譬喻所不能及。須菩提！若善男子、善女人於後末世，有受持讀誦此經，所得功德，我若具說者，或有人聞，心則狂亂，狐疑不信。

菩译：“所得功德，我所供養諸佛功德，於彼百分不及一，千萬億分，乃至算數譬喻所不能及。須菩提！若有善男子、善女人於後世末世，有受持讀誦修行此經，所得功德，若我具說者，或有人聞，心則狂亂，疑惑不信。

留译：“須菩提！此人所生福德之聚，以我往昔承事供養諸佛如來所得功德，以此功德百分不及一，千萬億分不及一，窮於算數不及其一，乃至威力品類相應[①]譬喻所不能及。須菩提！若善男子、善女人

① 此处留译和谛译“威力品类相应”是意译，意谓运用各种威力。

於後末世受持讀誦如此等經，所得功德，我若具說，若有善男子、善女人諦聽憶持爾所福聚，或心迷亂及以顛狂。

谛译："須菩提！此人所生福德之聚，以我往昔承事供養諸佛如來所得功德，比此功德百分不及一，千萬億分不及一，窮於算數不及其一，乃至威力品類相應譬喻所不能及。須菩提！若善男子、善女人於後末世受持讀誦如此等經，所得功德，我若具說，若有善男子、善女人諦聽憶持爾所福聚，或心迷亂及以顛狂。

笈译："此復時，善實！福聚邊，此前福聚，百上亦數不及，千上亦，百千上亦，俱致百千上亦，俱致那由多百千上亦，僧企耶[①]亦，迦羅[②]亦，算亦，譬喻亦，憂波泥奢[③]亦，乃至譬喻亦不及。若復，善實！彼等善家子、善家女，我福聚說，此所有彼善家子、善家女若，彼中時中福聚取當，猛[④]眾生順到[⑤]，心亂到。

奘译：善現！我先福聚於此福聚，百分計之所不能及，如是千分、若百千分、若俱胝百千分、若俱胝那庾多百千分、若數分、若計分、若算分、若喻分、若鄔波尼殺曇分亦不能及。善現！我若具說當於爾時是善男子或善女人所生福聚，乃至是善男子是善女人所攝福聚，有諸有情則便迷悶，心惑狂亂。

义译："所得功德，以前功德比此功德百分不及一，千萬億分、算分、勢分、比數分、因分乃至譬喻亦不能及。妙生！我若具說受持讀誦此經功德，或有人聞，心則狂亂，疑惑不信。

अपि तु खलु पुनः सुभूतेऽचिन्त्योऽतुल्योऽयं धर्मपर्यायस्तथागतेन भाषितः। अस्याचिन्त्य एव विपाकः प्रतिकाङ्क्षितव्यः ॥ १६ ॥

---

① "僧企耶"对应 saṃkhyā，词义为计数。

② "迦罗"对应 kalā，词义为计分。

③ "忧波泥奢"（奘译"邬波尼杀昙"）对应 upaniṣad，词义为原因、基础或比拟。

④ "猛"对应 unmāda，词义为疯癫或疯狂。

⑤ "顺到"对应 anuprāpnuyuḥ，与作为宾语的 unmāda（"癫狂"）相连。由于这个动词 prāpnuyuḥ（"到达"）有表示依随或随顺的前缀 anu，故而笈译"顺到"。

今译：“再有，须菩提啊，如来宣说的这个法门不可思议，无与伦比。确实，可以预期它的果报不可思议。”

什译：“須菩提！當知是經義不可思議，果報亦不可思議。”

菩译：“須菩提！當知是法門不可思議，果報亦不可思議。”

留译：“復次，須菩提！如是經典不可思議，若人修行及得果報亦不可思議。”

谛译：“復次，須菩提！如是經典不可思議，若人修行及得果報亦不可思議。”

笈译：“雖然復次時，善實！不可思，不可稱法本如來說，彼不可思如是果報觀察應。”

奘译：“是故，善現！如來宣說如是法門不可思議，不可稱量，應當希冀不可思議所感異熟。”

义译：“妙生！當知是經不可思議，其受持者應當希望不可思議所生福聚。”

अथ खल्वायुष्मान्सुभूतिर्भगवन्तमेतदवोचत्कथं भगवन् बोधिसत्त्वयान-संप्रस्थितेन स्थातव्यम् कथं प्रतिपत्तव्यम् कथं चित्तं प्रग्रहीतव्यम्।

今译：这时，长老须菩提对世尊说道：“世尊！发愿奉行菩萨乘者应该怎样安住？应该怎样修行？应该怎样调伏心？”

什译：爾時，須菩提白佛言：“世尊！善男子、善女人發阿耨多羅三藐三菩提心，云何應住？云何降伏其心？”

菩译：爾時，須菩提白佛言：“世尊！云何菩薩發阿耨多羅三藐三菩提心？云何住？云何修行？云何降伏其心？”

留译：爾時，須菩提白佛言：“世尊！善男子、善女人發阿耨多羅三藐三菩提心，行菩薩乘，云何住？云何修行？云何發起菩薩心？”

谛译：爾時，須菩提白佛言：“世尊！善男子、善女人發阿耨多羅三藐三菩提心，行菩薩乘，云何應住？云何修行？云何發起菩薩心？”

笈译：爾時，命者善實世尊邊如是言：“云何，世尊！菩薩乘發行住應？云何修行應？云何心降伏？”

奘译：爾時，具壽善現復白佛言：“世尊！諸有發趣菩薩乘者，應云何住？云何修行？云何攝伏其心？”

义译：復次，妙生白佛言：“世尊！若有發趣菩薩乘者，應云何住？云何修行？云何攝伏其心？”

भगवानाह-- इह सुभूते बोधिसत्त्वयानसंप्रस्थितेन एवं चित्तमुत्पादयितव्यम्-- सर्वे सत्त्वा मयानुपधिशेषे निर्वाणधातौ परिनिर्वापयितव्याः। एवं च सत्त्वान्परिनिर्वाप्य न कश्चित्सत्त्वः परिनिर्वापितो भवति। तत्कस्य हेतोः सचेत्सुभूते बोधिसत्त्वस्य सत्त्वसंज्ञा प्रवर्तेत न स बोधिसत्त्व इति वक्तव्यः। जीवसंज्ञा वा यावत्पुद्गलसंज्ञा वा प्रवर्तेत न स बोधिसत्त्व इति वक्तव्यः।

今译：世尊说：“须菩提啊，发愿奉行菩萨乘者应该产生这样的心：‘我应该让一切众生进入无余涅槃界。而即使这样让众生进入涅槃，我也没有让任何众生进入涅槃。’为什么？须菩提啊，如果菩萨转出众生想，他就不能称为菩萨。如果转出生命想，乃至转出人想，他就不能称为菩萨。

什译：佛告須菩提：“善男子、善女人發阿耨多羅三藐三菩提者，當生如是心：‘我應滅度一切眾生。滅度一切眾生已，而無有一眾生實滅度者。’何以故？須菩提！若菩薩有我相、人相、眾生相、壽者相，則非菩薩。

菩译：佛告須菩提：“菩薩發阿耨多羅三藐三菩提心者，當生如是心：‘我應滅度一切眾生，令入無餘涅槃界。如是滅度一切眾生已，而無一眾生實滅度者。’何以故？須菩提！若菩薩有眾生相、人相、壽者相，則非菩薩。

留译：佛告須菩提："善男子、善女人發阿耨多羅三藐三菩提心者，當生如是心：'我應安置一切眾生，令入無餘涅槃。如是般涅槃無量眾生已，無一眾生被涅槃者。'何以故？須菩提！若菩薩有眾生想，則不應說名為菩薩。[1]

谛译：佛告須菩提："善男子、善女人發阿耨多羅三藐三菩提心者，當生如是心：'我應安置一切眾生，令入無餘涅槃。如是般涅槃無量眾生已，無一眾生被涅槃者。'何以故？須菩提！若菩薩有眾生想，則不應說名為菩薩。

笈译：世尊言："此，善實！菩薩乘發行，如是心發生應：'一切眾生，無我[2]受餘涅槃界滅度應。如是一切眾生滅度，無有一眾生滅度有。'彼何所因？若，善實！菩薩眾生想轉，彼不菩薩摩訶薩名說應，乃至人想轉，不彼菩薩摩訶薩名說應。

奘译：佛告善現："諸有發趣菩薩乘者，應當發起如是之心：'我當皆令一切有情於無餘依妙涅槃界而般涅槃。雖度如是一切有情令滅度已，而無有情得滅度者。'何以故？善現！若諸菩薩摩訶薩有情想轉，不應說名菩薩摩訶薩。所以者何？若諸菩薩摩訶薩不應說言有情想轉，如是命者想、士夫想、補特伽羅想、意生想、摩納婆想、作者想、受者想轉，當知亦爾。

义译：佛告妙生："若有發趣菩薩乘者，當生如是心：'我當度脫一切眾生，悉皆令入無餘涅槃。雖有如是無量眾生證於圓寂，而無有一眾生證圓寂者。'何以故？妙生！若菩薩有眾生想者，則不名菩薩。

तत्कस्य हेतोः नास्ति सुभूते स कश्चिद्धर्मो यो बोधिसत्त्वयानसंप्रस्थितो नाम।तत्किं मन्यसे सुभूते अस्ति स कश्चिद्धर्मो यस्तथागतेन दीपंकरस्य तथागतस्यान्तिकादनुत्तरां सम्यक्संबोधिमभिसंबुद्धः।एवमुक्त आयुष्मान् सुभूति-

---

① 留译和谛译这段缺最后一句。

② 此处"我"按原文应在"无"之前。"无受余涅槃"即"无余涅槃"。

भगवन्तमेतदवोचत्-- यथाहं भगवन्भगवतो भाषितस्यार्थमाजानामि नास्ति स भगवन्कश्चिद्धर्मो यस्तथागतेन दीपंकरस्य तथागतस्यार्हतः सम्यक्संबुद्धस्यान्तिकादनुत्तरां सम्यक्संबोधिमभिसंबुद्धः।

今译："为什么？须菩提啊，没有任何名为发愿奉行菩萨乘者的法。你认为怎样？须菩提啊，有如来从燃灯如来身边觉知为无上正等菩提的任何法吗？"这样说罢，长老须菩提对世尊说道："世尊！据我所知世尊所说的意义，没有如来从燃灯如来、阿罗汉、正等觉身边觉知为无上正等菩提的任何法。"

什译："所以者何？須菩提！實無有法，發阿耨多羅三藐三菩提者。須菩提！於意云何？如來於然燈佛所，有法得阿耨多羅三藐三菩提不？""不也，世尊！如我解佛所說義，佛於然燈佛所，無有法得阿耨多羅三藐三菩提。"

菩译："何以故？須菩提！實無有法，名為菩薩發阿耨多羅三藐三菩提心者。須菩提！於意云何？如來於燃燈佛所，有法得阿耨多羅三藐三菩提不？"須菩提白佛言："不也！世尊！如我解佛所說義，佛於燃燈佛所，無有法得阿耨多羅三藐三菩提。"

留译："何以故？須菩提！實無有法名為能行菩薩上乘。須菩提！汝意云何？於燃燈佛所，頗有一法如來所得名阿耨多羅三藐三菩提不？"須菩提言："不也，世尊！於燃燈佛所，無有一法如來所得名阿耨多羅三藐三菩提。"

谛译："何以故？須菩提！實無有法名為能行菩薩上乘。須菩提！汝意云何？於然燈佛所，頗有一法如來所得名阿耨多羅三藐三菩提不？"須菩提言："不得，世尊！於然燈佛所，無有一法如來所得，名阿耨多羅三藐三菩提。"

笈译："彼何所由？無有，善實！一法，菩薩乘發行名。彼何意念？善實！有一法，若如來燈作如來、應、正遍知邊，無上正遍知證覺？"如是語已，命者善實，世尊邊如是言："無有彼，世尊！一法，若如來燈作如來、應、正遍知邊，無上正遍知證覺。”

奘译：“何以故？善現！無有少法名為發趣菩薩乘者。”佛告善現：“於汝意云何？如來昔於然燈如來、應、正等覺所，頗有少法能證阿耨多羅三藐三菩提不？”作是語已，具壽善現白佛言：“世尊！如我解佛所說義者，如來昔於然燈如來、應、正等覺所，無有少法能證阿耨多羅三藐三菩提。”

义译：“所以者何？妙生！實無有法，可名發趣菩薩乘者。妙生！於汝意云何？如來於然燈佛所，頗有少法是所證不？”妙生言：“如來於然燈佛所，無法可證而得菩提。”

एवमुक्ते भगवानायुष्मन्तं सुभूतिमेतदवोचत्-- एवमेतत्सुभूते एवमेतत्। नास्ति सुभूते स कश्चिद्धर्मो यस्तथागतेन दीपंकरस्य तथागतस्यार्हतः सम्यक्संबुद्धस्यान्तिकादनुत्तरां सम्यक्संबोधिमभिसंबुद्धः।

今译：这样说罢，世尊对长老须菩提说道：“正是这样，须菩提啊，正是这样！须菩提啊，没有如来从燃灯如来、阿罗汉、正等觉身边觉知为无上正等菩提的任何法。

什译：佛言：“如是，如是！須菩提！實無有法如來得阿耨多羅三藐三菩提。

菩译：佛言：“如是，如是！須菩提！實無有法如來於燃燈佛所得阿耨多羅三藐三菩提。

留译：佛言：“如是，須菩提！如是。於燃燈佛所，無有一法如來所得名阿耨多羅三藐三菩提。

谛译：佛言：“如是，須菩提！如是。於然燈佛所，無有一法如來所得名阿耨多羅三藐三菩提。

笈译：如是語已，世尊，命者善實如是言：“如是，如是！善實！如是，如是！無有彼一法，若如來燈作如來、應、正遍知邊，無上正遍知證覺。

奘译：說是語已，佛告具壽善現言："如是！如是！善現！如來昔於然燈如來、應、正等覺所，無有少法能證阿耨多羅三藐三菩提。

义译：佛言："如是，如是！妙生！實無有法，如來於然燈佛所，有所證悟得大菩提。

सचेत्पुनः सुभूते कश्चिद्धर्मस्तथागतेनाभिसंबुद्धोऽभविष्यत् न मां दीपंकरस्तथागतो व्याकरिष्यत्-- भविष्यसि त्वं माणवानागतेऽध्वनि शाक्यमुनिर्नाम तथागतोऽर्हन्सम्यक्संबुद्ध इति। यस्मात्तर्हि सुभूते तथागतेनार्हता सम्यक्संबुद्धेन नास्ति स कश्चिद्धर्मो योऽनुत्तरां सम्यक्संबोधिमभिसंबुद्धः तस्मादहं दीपंकरेण तथागतेन व्याकृतो-- भविष्यसि त्वं माणवानागतेऽध्वनि शाक्यमुनिर्नाम तथागतोऽर्हन्सम्यक्संबुद्धः।

今译："再有，须菩提啊，如果有如来觉知的任何法，燃灯如来就不会授记我说：'青年啊，你在未来世将成为名为释迦牟尼的如来、阿罗汉、正等觉。'须菩提啊，正是没有如来、阿罗汉、正等觉觉知为无上正等菩提的任何法，因此燃灯如来授记我说：'青年啊，你在未来世将成为名为释迦牟尼的如来、阿罗汉、正等觉。'

什译："須菩提！若有法如來得阿耨多羅三藐三菩提者，然燈佛則不與我受記：'汝於來世當得作佛，號釋迦牟尼。'以實無有法得阿耨多羅三藐三菩提，是故然燈佛與我受記，作是言：'汝於來世當得作佛，號釋迦牟尼。'

菩译："須菩提！若有法如來得阿耨多羅三藐三菩提者，燃燈佛則不與我受記：'汝於來世當得作佛，號釋迦牟尼。'以實無有法得阿耨多羅三藐三菩提，是故燃燈佛與我受記，作如是言：'摩那婆[①]！汝於來世當得作佛，號釋迦牟尼。'

留译："須菩提！於燃燈佛所，若有一法如來所得名阿耨多羅三藐三菩提，燃燈佛則不授我記：'婆羅門[②]！汝於來世當得作佛，號釋

① 此处"摩那婆"是 māṇava（"青年"）一词的音译。
② 此处"婆罗门"按原文是 māṇava（"青年"），也可以特指婆罗门青年。

迦牟尼、多陀阿伽度[1]、阿羅訶、三藐三佛陀。’須菩提！由實無有法如來所得名阿耨多羅三藐三菩提，是故然燈佛與我授記，作如是言：‘婆羅門！汝於來世當得作佛，號釋迦牟尼、多陀阿伽度、阿羅訶、三藐三佛陀。’

谛译：“須菩提！於然燈佛所，若有一法如來所得名阿耨多羅三藐三菩提，然燈佛則不授我記：‘婆羅門！汝於來世當得作佛，號釋迦牟尼、多陀阿伽度、阿羅訶、三藐三佛陀。’須菩提！由實無有法如來所得名阿耨多羅三藐三菩提，是故然燈佛與我授記，作如是言：‘婆羅門！汝於來世當得作佛，號釋迦牟尼、多陀阿伽度、阿羅訶、三藐三佛陀。’

笈译：如是語已，世尊，命者善實如是言：“如是，如是！善實！如是，如是！無有彼一法，若如來燈作如來、應、正遍知邊，無上正遍知證覺。若復，善實！一法，如來證覺有，不我燈作如來應正遍知記說有當：‘汝行者[2]，未來世，釋迦牟尼名，如來、應、正遍知者。’是故，此，善實！如來、應、正遍知，無有一法，若無上正遍知證覺，彼故燈作如來、應、正遍知記說有當：‘汝行者，未來世，釋迦牟尼名，如來、應、正遍知。’

奘译：“何以故？善現！如來昔於然燈如來、應、正等覺所，若有少法能證阿耨多羅三藐三菩提者，然燈如來、應、正等覺不應授我記言：‘汝摩納婆[3]於當來世名釋迦牟尼如來、應、正等覺。’善現！以如來無有少法能證阿耨多羅三藐三菩提，是故然燈如來、應、正等覺授我記言：‘汝摩納婆於當來世名釋迦牟尼如來、應、正等覺。’

义译：“若證法者，然燈佛則不與我授記：‘摩納婆！汝於來世，當得作佛，號釋迦牟尼。’以無所得故，然燈佛與我授記當得作佛，號釋迦牟尼。

---

① “多陀阿伽度”是 tathāgata（“如来”）一词的音译。
② 此处“行者”原词是 māṇava（“青年”），因而指青年修行者。
③ 此处“摩纳婆”是 māṇava（“青年”）一词的另一种音译。

तत्कस्य हेतोः तथागत इति सुभूते भूततथताया एतदधिवचनम्। यः कश्चित्सुभूते एवं वदेत्-- तथागतेनार्हता सम्यक्संबुद्धेनानुत्तरा सम्यक्संबोधिर-भिसंबुद्धेति स वितथं वदेत्। अभ्याचक्षीत मां स सुभूते असतोद्गृहीतेन।

今译："为什么？所谓如来，须菩提啊，这是真实的真如①的名称。须菩提啊，若有人说：'如来、阿罗汉、正等觉觉知无上正等菩提。'他便是说假话。须菩提啊，他便是执取不实而毁损我。

什译：何以故？如來者，即諸法如②義。若有人言：'如來得阿耨多羅三藐三菩提。'

菩译："何以故？須菩提！言如來者，即實真如。須菩提！若有人言：'如來得阿耨多羅三藐三菩提者。'是人不實語。

留译："何以故？須菩提！如來者，真如別名。須菩提！若有人說：'如來得阿耨多羅三藐三菩提。'是人不實語。

谛译："何以故？須菩提！如來者，真如別名。須菩提！若有人說：'如來得阿耨多羅三藐三菩提。'是人不實語。

笈译："彼何所因？如來者，善實！真如故此即是。如來者，善實！不生法故此即是。世尊者，善實！道斷此即是。如來者，善實！畢竟不生故此即是。彼何所因？如是，彼實不生，若最勝義。③若有，善實！如是語：'如來、應、正遍知，無上正遍知證覺。'彼不如語，誹謗我。

奘译："所以者何？善現！言如來者，即是真實真如增語④。言如

① "真如"（tathatā）也译"如如"或"如实"。此词词源是 tathā（"如此"）tā（"性"），意谓"本来如此"。在大乘佛教中指称终极真理，即万法皆空，本来如此。

② 此处"如"是"真如"的略称。

③ 笈译这段中，自"如來者，善实！不生法故此即是"至此，不见于原文，但见于缪勒本。奘译也有这部分。其中，据缪勒本，"不生法"的原文是 anutpādadharmatā（奘译"无生法性"），"道断"的原文是 dharmaccheda（奘译"永断道路"），"毕竟不生"的原文是 atyanta-anutpanna（奘译也译为"毕竟不生"）。

④ "增语"的原词是 adhivacana，词义为名称、称号或称呼。此词是 vacana（"话语"）加上前缀 adhi。这个前缀表示在上或增加，故而奘译直译为"增语"。此词留译和谛译"别名"，义译"异名"。

來者，即是無生法性增語。言如來者，即是永斷道路增語。言如來者，即是畢竟不生增語。何以故？善現！若實無生即最勝義。善現！若如是說如來、應、正等覺能證阿耨多羅三藐三菩提者，當知此言為不真實。所以者何？善現！由彼謗我起不實執。

义译：“何以故？妙生！言如來者，即是實性真如之異名也。妙生！若言：‘如來證得無上正等覺者’，是為妄語。

तत्कस्य हेतोः-- नास्ति सुभूते स कश्चिद्धर्मो यस्तथागतेन अनुत्तरां सम्यक्संबोधिम- भिसंबुद्धः। यश्च सुभूते तथागतेन धर्मोऽभिसंबुद्धो देशितो वा तत्र न सत्यं न मृषा। तस्मात्तथागतो भाषते-- सर्वधर्मा बुद्धधर्मा इति। तत्कस्य हेतोः सर्वधर्मा इति सुभूतेऽधर्मास्तथागतेन भाषिताः। तस्मादुच्यन्ते सर्वधर्मा बुद्धधर्मा इति। तद्यथापि नाम सुभूते पुरुषो भवेदुपेतकायो महाकायः।

今译：“为什么？须菩提啊，没有如来觉知为无上正等菩提的任何法。须菩提啊，如来觉知或宣示的法，里面既非真实，也非虚假。因此，如来说一切法即佛法。为什么？所谓一切法，须菩提啊，也就是如来所说的非法，因此一切法称为佛法。譬如，须菩提啊，有人具有身躯，身躯高大。”

什译：“須菩提！實無有法，佛得阿耨多羅三藐三菩提。須菩提！如來所得阿耨多羅三藐三菩提，於是中無實無虛，是故如來說一切法皆是佛法。須菩提！所言一切法者，即非一切法，是故名一切法。須菩提！譬如人身長大。”

菩译：“須菩提！實無有法佛得阿耨多羅三藐三菩提。須菩提！如來所得阿耨多羅三藐三菩提，於是中不實不妄語，是故如來說一切法皆是佛法。須菩提！所言一切法、一切法者，即非一切法，是故名一切法。須菩提！譬如有人其身妙大。”

留译：“何以故？須菩提！實無有法如來所得名阿耨多羅三藐三菩提。須菩提！此法如來所得，無實無虛，是故如來說一切法皆是佛法。須菩提！一切法者，非一切法，故如來說名一切法。須菩提！譬如有人遍身大身。”

谛译：“何以故？須菩提！實無有法如來所得名阿耨多羅三藐三菩提。須菩提！此法如來所得，無實無虛，是故如來說一切法皆是佛法。須菩提！一切法者，非一切法故，如來說名一切法。須菩提！譬如有人遍身大身。”

笈译：“彼，善實！不實取。彼何所因？無有彼，善實！一法，若如來、應、正遍知無上正遍知證覺。若，善實！如來法證覺說，若不彼中實不妄，彼故如來說一切法佛法者。彼何所因？一切法、一切法者，善實！一切彼非法如來說，彼故說名一切法者。譬如，善實！丈夫有具足身、大身。”

奘译：“何以故？善現！無有少法，如來、應、正等覺能證阿耨多羅三藐三菩提。善現！如來現前等所證法，或所說法，或所思法，即於其中非諦非妄，是故如來說一切法皆是佛法。善現！一切法、一切法者，如來說非一切法，是故如來說名一切法、一切法。”佛告善現：“譬如士夫具身大身。”

义译：“何以故？實無有法如來證得無上正覺。妙生！如來所得正覺之法，此即非實非虛，是故佛說一切法者即是佛法。妙生！一切法、一切法者，如來說為非法，是故如來說一切法者即是佛法。妙生！譬如丈夫其身長大。”

आयुष्मान्सुभूतिराह-- योऽसौ भगवंस्तथागतेन पुरुषो भाषित उपेतकायो महाकाय इति अकायः स भगवंस्तथागतेन भाषितः। तेनोच्यत उपेतकायो महाकाय इति।

今译：长老须菩提说：“世尊！如来所说的这人具有身躯，身躯高大，世尊！也就是如来所说的非身躯，因此称为具有身躯，身躯高大。”

什译：須菩提言：“世尊！如來說人身長大，則為非大身，是名大身。”

菩译：須菩提言：“世尊！如來說人身妙大，則非大身，是故如來說名大身。”

留译：須菩提言：“世尊！是如來所說遍身大身，則為非身，是故說名遍身大身。”

谛译：須菩提言：“世尊！是如來所說遍身大身，則為非身，是故說名遍身大身。”

笈译：命者善實言：“若彼，世尊！如來丈夫[①]說具足身、大身，非身彼，世尊！如來說，彼故說名足身、大身者。”

奘译：具壽善現即白佛言：“世尊！如來所說士夫具身大身，如來說為非身，是故說名具身大身。”

义译：妙生言：“世尊！如來說為大身者，即說為非身，是名大身。”

भगवानाह-- एवमेतत्सुभूते। यो बोधिसत्त्व एवं वदेत्-- अहं सत्त्वान्परिनिर्वापयिष्यामीति न स बोधिसत्त्व इति वक्तव्यः। तत्कस्य हेतोः अस्ति सुभूते स कश्चिद्धर्मो यो बोधिसत्त्वो नाम। सुभूतिराह-- नो हीदं भगवन्। नास्ति स कश्चिद्धर्मो यो बोधिसत्त्वो नाम।

今译：世尊说：“正是这样，须菩提啊！若有菩萨这样说：‘我将让众生进入涅槃。’他就不能称为菩萨。为什么？须菩提啊，有名为菩萨的任何法吗？”须菩提说：“确实没有，世尊！没有名为菩萨的任何法。”

什译：“須菩提！菩薩亦如是。若作是言：‘我當滅度無量眾生。’則不名菩薩。何以故？須菩提！實無有法名為菩薩。[②]

菩译：佛言：“須菩提！菩薩亦如是。若作是言：‘我當滅度無量眾生。’則非菩薩。”佛言：“須菩提！於意云何？頗有實法名為

① 此处“丈夫”对应 puruṣa，词义为人。
② 什译这段中，将须菩提的答话改译为佛说的话。

菩薩？”須菩提言：“不也，世尊！實無有法名為菩薩。”

留译：佛言：“如是，須菩提！如是。須菩提！若有菩薩說如是言：‘我當般涅槃一切眾生。’則不應說名為菩薩。須菩提！汝意云何？頗有一法名菩薩不？”須菩提言：“不也，世尊！”

谛译：佛言：“如是，須菩提！如是，須菩提！若有菩薩說如是言：‘我當般涅槃一切眾生。’則不應說名為菩薩。須菩提！汝意云何？頗有一法名菩薩不？”須菩提言：“無有，世尊！”

笈译：世尊言：“如是，如是！善實！如是，如是！若菩薩如是語：‘有眾生般涅槃滅度我。’不彼菩薩名說應。彼何所因？有，善實！有一法若菩薩名？”善實言：“不如此，世尊！”

奘译：佛言：“善現！如是，如是！若諸菩薩作如是言：‘我當滅度無量有情。’是則不應說名菩薩。何以故？善現！頗有少法名菩薩不？”善現答言：“不也！世尊！無有少法名為菩薩。”

义译：佛告妙生：“如是，如是！若菩薩作是語：‘我當度眾生令寂滅者。’則不名菩薩。妙生！頗有少法名菩薩不？”答言：“不爾，世尊！”

भगवानाह-- सत्त्वाः सत्त्वा इति सुभूतेऽसत्त्वास्ते तथागतेन भाषिताः तेनोच्यन्ते सत्त्वा इति। तस्मात्तथागतो भाषते-- निरात्मानः सर्वधर्मा निःसत्त्वा निर्जीवा निष्पुद्गलाः सर्वधर्मा इति।

今译：世尊说：“所谓众生、众生，须菩提啊，这些也就是如来所说的非众生，因此称为众生。因此，如来说一切法无我，一切法无众生，无生命，无人。

什译：“是故，佛說一切法無我，無人，無眾生，無壽者。

菩译：“是故，佛說一切法無眾生，無人，無壽者。

留译：佛言：“須菩提！是故，如來說一切法無我，無眾生，無壽者，無受者。

谛译：佛言：“須菩提！是故，如來說一切法無我，無眾生，無壽者，無受者。

笈译：世尊言：“眾生、眾生者，善實！非眾生彼如來說，彼故說名眾生者。彼故，如來說無我一切法、無眾生、無壽者、無長養者，無人一切法者。

奘译：佛告善現：“有情、有情者，如來說非有情，故名有情。是故，如來說一切法無有有情、無有命者、無有士夫、無有補特伽羅等。

义译：“妙生！是故，如來說一切法無我，無眾生，無壽者，無更求趣。

यः सुभूते बोधिसत्त्व एवं वदेत्-- अहं क्षेत्रव्यूहान्निष्पादयिष्यामीति सोऽपि तथैव न वक्तव्यः। तत्कस्य हेतोः क्षेत्रव्यूहाः क्षेत्रव्यूहा इति सुभूते अव्यूहास्ते तथागतेन भाषिताः। तेनोच्यन्ते क्षेत्रव्यूहा इति। यः सुभूते बोधिसत्त्वो निरात्मानो धर्मा निरात्मानो धर्मा इत्यधिमुच्यते स तथागतेनार्हता सम्यक्संबुद्धेन बोधिसत्त्वो महासत्त्व इत्याख्यातः॥१७॥

今译：“须菩提啊，若有菩萨这样说：‘我将造就这些佛土庄严。’他同样不能称为菩萨。为什么？所谓佛土庄严、佛土庄严，须菩提啊，也就是如来所说的非庄严，因此称为佛土庄严。须菩提啊，若有菩萨深信诸法无我、诸法无我，如来、阿罗汉、正等觉就称他为菩萨大士。”

什译：“須菩提！若菩薩作是言：‘我當莊嚴佛土。’是不名菩薩。何以故？如來說莊嚴佛土者，即非莊嚴，是名莊嚴。須菩提！若菩薩通達無我法者，如來說名真是菩薩。”

菩译：“須菩提！若菩薩作是言：‘我莊嚴佛國土。’是不名菩薩。何以故？如來說莊嚴佛土、莊嚴佛土者，即非莊嚴，是名莊嚴佛國土。須菩提！若菩薩通達無我、無我法者，如來說名真是菩薩、菩薩。”

留译：“須菩提！若有菩薩說如是言：‘我當莊嚴清淨佛土。’

如此菩薩說虛妄言。何以故？須菩提！莊嚴佛土者，如來說則非莊嚴，是故莊嚴清淨佛土。須菩提！若菩薩信見諸法無我、諸法無我，如來應供正遍覺說是名菩薩、是名菩薩。”

谛译：“須菩提！若有菩薩說如是言：‘我當莊嚴清淨佛土。’如此菩薩說虛妄言。何以故？須菩提！莊嚴佛土者，如來說則非莊嚴，是故莊嚴清淨佛土。須菩提！若菩薩信見諸法無我、諸法無我，如來應供正遍覺說是名菩薩、是名菩薩。”

笈译：“若，善實！菩薩如是語：‘我佛土莊嚴成就。’彼亦如是不名說應。彼何所因？國土莊嚴、國土莊嚴者，善實！非莊嚴彼如來說，彼故說名國土莊嚴者。若，善實！菩薩摩訶薩無我法、無我法者信解，彼如來、應、正遍知菩薩摩訶薩名說。”

奘译：“善現！若諸菩薩作如是言：‘我當成辦佛土功德莊嚴。’亦如是說。何以故？善現！佛土功德莊嚴、佛土功德莊嚴者，如來說非莊嚴，是故如來說名佛土功德莊嚴、佛土功德莊嚴。善現！若諸菩薩於無我法無我法深信解者，如來、應、正等覺說為菩薩、菩薩。”

义译：“妙生！若有菩薩言：‘我當成就佛土嚴勝、佛土嚴勝者。’如來說為非是嚴勝，是故如來說為嚴勝。妙生！若有信解一切法無性、一切法無性者，如來說名真是菩薩、菩薩。

भगवानाह-- तत्किं मन्यसे सुभूते संविद्यते तथागतस्य मांसचक्षुः। सुभूतिराह-- एवमेतद्भगवन्संविद्यते तथागतस्य मांसचक्षुः।

今译：世尊说：“你认为怎样？须菩提啊，如来有肉眼吗？”须菩提说：“正是这样，世尊！如来有肉眼。”

什译：“須菩提！於意云何？如來有肉眼不？”“如是，世尊！如來有肉眼。”

菩译：“須菩提！於意云何？如來有肉眼不？”須菩提言：“如是，世尊！如來有肉眼。”

留译："須菩提！汝意云何？如來有肉眼不？"須菩提言："如是，世尊！如來有肉眼。"

谛译："須菩提！汝意云何？如來有肉眼不？"須菩提言："如是，世尊！如來有肉眼。"

笈译：世尊言："彼何意念？善實！有如來肉眼？"善實言："如是，如是！世尊！有如來肉眼。"

奘译：佛告善現："於汝意云何？如來等現有[1]肉眼不？"善現答言："如是！世尊！如來等現有肉眼。"

义译："妙生！於汝意云何？如來有肉眼不？"妙生言："如是，世尊！如來有肉眼。"

भगवानाह-- तत्किं मन्यसे सुभूते संविद्यते तथागतस्य दिव्यं चक्षुः। सुभूतिराह-- एवमेतद्भगवन्संविद्यते तथागतस्य दिव्यं चक्षुः।

今译：世尊说："你认为怎样？须菩提啊，如来有天眼吗？"须菩提说："正是这样，世尊！如来有天眼。"

什译："須菩提！於意云何？如來有天眼不？""如是，世尊！如來有天眼。"

菩译：佛言："須菩提！於意云何？如來有天眼不？"須菩提言："如是，世尊！如來有天眼。"

留译：佛言："須菩提！汝意云何？如來有天眼不？"須菩提言："如是，世尊！如來有天眼。"

谛译：佛言："須菩提！汝意云何？如來有天眼不？"須菩提言："如是，世尊！如來有天眼。"

笈译：世尊言："彼何意念？善實！有如來天眼？"善實言："如

① 此处"等现有"对应 saṃvidyate，词义为有或存在。这个动词 vidyate（"有"或"存在"）前面有表示完全的前缀 sam。而在汉译佛经中，也将 vidyate 译为"现有"，也常常将前缀 sam 译为"等"，因此奘译将此词译为"等现有"。

是，如是！世尊！有如來天眼。”

奘译：佛言：“善現！於汝意云何？如來等現有天眼不？”善現答言：“如是！世尊！如來等現有天眼。”

义译：“如來有天眼不？”“如是，世尊！如來有天眼。”

भगवानाह-- तत्किं मन्यसे सुभूते संविद्यते तथागतस्य प्रज्ञाचक्षुः। सुभूतिराह-- एवमेतद्भगवन् संविद्यते तथागतस्य प्रज्ञाचक्षुः।

今译：世尊说：“你认为怎样？须菩提啊，如来有慧眼吗？”须菩提说：“正是这样，世尊！如来有慧眼。”

什译：“須菩提！於意云何？如來有慧眼不？”“如是，世尊！如來有慧眼。”

菩译：佛言：“須菩提！於意云何？如來有慧眼不？”須菩提言：“如是，世尊！如來有慧眼。”

留译：佛言：“須菩提！汝意云何？如來有慧眼不？”須菩提言：“如是，世尊！如來有慧眼。”

谛译：佛言：“須菩提！汝意云何？如來有慧眼不？”須菩提言：“如是，世尊！如來有慧眼。”

笈译：世尊言：“彼何意念？善實！有如來慧眼？”善實言：“如是，如是！世尊！有如來慧眼。”

奘译：佛言：“善現！於汝意云何？如來等現有慧眼不？”善現答言：“如是！世尊！如來等現有慧眼。”

义译：“如來有慧眼不？”“如是，世尊！如來有慧眼。”

भगवानाह-- तत्किं मन्यसे सुभूते संविद्यते तथागतस्य धर्मचक्षुः। सुभूतिराह-- एवमेतद्भगवन्संविद्यते तथागतस्य धर्मचक्षुः।

今译：世尊说：“你认为怎样？须菩提啊，如来有法眼吗？”须菩提说：“正是这样，世尊！如来有法眼。”

什译："須菩提！於意云何？如來有法眼不？""如是，世尊！如來有法眼。"

菩译：佛言："須菩提！於意云何？如來有法眼不？"須菩提言："如是，世尊！如來有法眼。"

留译：佛言："須菩提！汝意云何？如來有法眼不？"須菩提言："如是，世尊！如來有法眼。"

谛译：佛言："須菩提！汝意云何？如來有法眼不？"須菩提言："如是，世尊！如來有法眼。"

笈译：世尊言："彼何意念？善實！有如來法眼？"善實言："如是，如是！世尊！有如來法眼。"

奘译：佛言："善現！於汝意云何？如來等現有法眼不？"善現答言："如是！世尊！如來等現有法眼。"

义译："如來有法眼不？""如是，世尊！如來有法眼。"

भगवानाह-- तत्किं मन्यसे सुभूते संविद्यते तथागतस्य बुद्धचक्षुः। सुभूतिराह-- एवमेतद्भगवन्संविद्यते तथागतस्य बुद्धचक्षुः।

今译：世尊说："你认为怎样？须菩提啊，如来有佛眼吗？"须菩提说："正是这样，世尊！如来有佛眼。"

什译："須菩提！於意云何？如來有佛眼不？""如是，世尊！如來有佛眼。"

菩译：佛言："須菩提！於意云何？如來有佛眼不？"須菩提言："如是，世尊！如來有佛眼。"

留译：佛言："須菩提！汝意云何？如來有佛眼不？"須菩提言："如是，世尊！如來有佛眼。"

谛译：佛言："須菩提！汝意云何？如來有佛眼不？"須菩提言："如是，世尊！如來有佛眼。"

笈译：世尊言：“彼何意念？善實！有如來佛眼？”善實言：“如是，如是！世尊！有如來佛眼。”

奘译：佛言：“善現！於汝意云何？如來等現有佛眼不？”善現答言：“如是！世尊！如來等現有佛眼。”

义译：“如來有佛眼不？”“如是，世尊！如來有佛眼。”

भगवानाह-- तत्किं मन्यसे सुभूते यावन्त्यो गङ्गायां महानद्यां वालुका अपि नु ता वालुकास्तथागतेन भाषिताः। सुभूतिराह-- एवमेतद्भगवन् एवमेतत्सुगत। भाषितास्तथागतेन वालुकाः।

今译：世尊说：“你认为怎样？须菩提啊，如来所说的沙是大恒河中这样多的沙吗？”须菩提说：“如来所说的沙正是这样，世尊！正是这样，善逝！”

什译：“須菩提！於意云何？恒河中所有沙，佛說是沙不？”“如是，世尊！如來說是沙。”

菩译：佛言：“須菩提！於意云何？如恒河中所有沙，佛說是沙不？”須菩提言：“如是，世尊！如來說是沙。”

留译：（缺）[①]

谛译：（缺）

笈译：世尊言：“善，善！善實！彼何意念？善實！所有恒伽大河沙，雖然彼沙彼如來說？”善實言：“如是，如是！世尊！如是，如是！善逝！說彼如來彼沙。”

奘译：佛告善現：“於汝意云何？乃至殑伽河中所有諸沙，如來說是沙不？”善現答言：“如是！世尊！如是！善逝！如來說是沙。”

义译：（缺）

① 留译、谛译和义译略去这一段。

भगवानाह-- तत्किं मन्यसे सुभूते यावन्त्यो गङ्गायां महानद्यां वालुकाः तावन्त्यो एव गङ्गानद्यो भवेयुः तासु या वालुकाः तावन्तश्च लोकधातवो भवेयुः कच्चिद्बहवस्ते लोकधातवो भवेयुः। सुभूतिराह-- एवमेतद्भगवन्नेवमेतत्सुगत। बहवस्ते लोकधातवो भवेयुः।

今译：世尊说："你认为怎样？须菩提啊，如果有大恒河中的沙这样多的恒河，而又有这些恒河中的沙这样多的世界，这些世界是不是很多？"须菩提说："正是这样，世尊！正是这样，善逝！这些世界很多。"

什译："須菩提！於意云何？如一恒河中所有沙，有如是等恒河，是諸恒河所有沙數，佛世界如是寧為多不？""甚多，世尊！"

菩译：佛言："須菩提！於意云何？如一恒河中所有沙，有如是等恒河，是諸恒河所有沙數佛世界，如是世界寧為多不？"須菩提言："彼世界甚多，世尊！"

留译："須菩提！汝意云何？於恒伽江所有諸沙，如其沙數所有恒伽，如諸恒伽所有沙數世界，如是寧為多不？"須菩提言："如是，世尊！此等世界其數甚多。"

谛译："須菩提！汝意云何？於恒伽沙[①]所有諸沙，如其沙數所有恒伽，如諸恒伽所有沙數世界，如是寧為多不？"須菩提言："如是，世尊！此等世界其數甚多。"

笈译：世尊言："彼何意念？善實！所有恒伽大河沙，彼所有恒伽大河有，所有彼中沙，彼所有及世界有，多彼世界有？"善實言："多，世尊！多，善逝！彼世界有。"

奘译：佛言："善現！於汝意云何？乃至殑伽河中所有沙數，假使有如是等殑伽河，乃至是諸殑伽河中所有沙數，假使有如是等世界，是諸世界寧為多不？"善現答言："如是！世尊！如是！善逝！是諸

① 此处"沙"，据《中华大藏经》校勘记，《资》、《碛》、《普》、《南》、《径》、《清》、《丽》作"江"。

世界其數甚多。”

义译：“妙生！於汝意云何？如弶伽河中所有沙數，復有如是沙等弶伽河，隨諸河沙，有爾所世界，是為多不？”妙生言：“甚多，世尊！”

भगवानाह-- यावन्तः सुभूते तेषु लोकधातुषु सत्त्वाः तेषामहं नानाभावां चित्तधारां प्रजानामि। तत्कस्य हेतोः चित्तधारा चित्तधारेति सुभूतेऽधारैषा तथागतेन भाषिता तेनोच्यते चित्तधारेति। तत्कस्य हेतोः अतीतं सुभूते चित्तं नोपलभ्यते। अनागतं चित्तं नोपलभ्यते। प्रत्युत्पन्नं चित्तं नोपलभ्यते॥ १८॥

今译：世尊说：“须菩提啊，这些世界中那样多的众生，我知道他们的各种心流。为什么？所谓心流、心流[①]，须菩提啊，也就是如来所说的非流，因此称为心流。为什么？须菩提啊，过去心不可得，未来心不可得，现在心不可得。

什译：佛告須菩提：“爾所國土中所有眾生，若干種心，如來悉知。何以故？如來說諸心，皆為非心，是名為心。所以者何？須菩提！過去心不可得，現在心不可得，未來心不可得。

菩译：佛告須菩提：“爾所世界中所有眾生，若干種心住，如來悉知。何以故？如來說諸心住，皆為非心住，是名為心住。何以故？須菩提！過去心不可得，現在心不可得，未來心不可得。

留译：佛言：“須菩提！爾所世界中所有眾生，我悉見知心相續住有種種類。何以故？須菩提！心相續住，如來說非續住，故說續住。何以故？須菩提！過去心不可得，未來心不可得，現在心不可得。

谛译：佛言：“須菩提！爾所世界中所有眾生，我悉見知心相續住有種種類。何以故？須菩提！心相續住，如來說非續住，故說續住。何以故？須菩提！過去心不可得，未來心不可得，現在心不可得。

---

① “心流”的原词是 cittadhārā，其中，citta 的词义为心，dhārā 的词义为水流。所谓“心流”也就是心理活动，或者是连续不断的心理活动。此词什译“心”，菩译“心住”，留译和谛译“心相续住”，笈译和奘译“心流注”，义译“心流转”。

笈译：世尊言："所有，善實！彼中世界中眾生，彼等我種種有心流注知。彼何所因？心流注、心流注者，善實！非流注此如來說，彼故說名心流注者。彼何所因？過去，善實！心不可得，未來心不可得，現在心不可得。

奘译：佛言："善現！乃至爾所諸世界中所有有情，彼諸有情各有種種，其心流注，我悉能知。何以故？善現！心流注、心流注者，如來說非流注，是故如來說名心流注、心流注。所以者何？善現！過去心不可得，未來心不可得，現在心不可得。"

义译："妙生！此世界中所有眾生種種性行，其心流轉，我悉了知。何以故？妙生！心陀羅尼[①]者，如來說為無持，由無持故，心遂流轉。何以故？妙生！過去心不可得，未來心不可得，現在心不可得。

तत्किं मन्यसे सुभूते यः कश्चित्कुलपुत्रो वा कुलदुहिता वेमं त्रिसाहस्रमहासाहस्रं लोकधातुं सप्तरत्नपरिपूर्णं कृत्वा तथागतेभ्योऽर्हद्भ्यः सम्यक्संबुद्धेभ्यो दानं दद्यादपि नु स कुलपुत्रो वा कुलदुहिता वा ततोनिदानं बहु पुण्यस्कन्धं प्रसुनुयात्। सुभूतिराह-- बहु भगवन्बहु सुगत।

今译："你认为怎样？须菩提啊，若有善男子或善女人用七宝铺满这三千大千世界，布施给众如来、阿罗汉、正等觉，这善男子或善女人会由此因缘产生很多功德藏吗？"须菩提说："很多，世尊！很多，善逝。"

什译："須菩提！於意云何？若有人滿三千大千世界七寶以用布施，是人以是因緣，得福多不？""如是，世尊！此人以是因緣得福甚多。"

菩译："須菩提！於意云何？若有人以滿三千大千世界七寶，持用布施，是善男子、善女人以是因緣得福多不？"須菩提言："如是，世尊！此人以是因緣得福甚多。"

① 此处"陀罗尼"对应的原词是 dhārā（"水流"），而非 dhāraṇī（"陀罗尼"，意译"总持"）。

留译："須菩提！汝意云何？若有人以滿三千大千世界七寶而用布施，是善男子、善女人以是因緣得福多不？"須菩提言："甚多，世尊！甚多，修伽陀！"

谛译："須菩提！汝意云何？若有人以滿三千大千世界七寶而用布施，是善男子、善女人以是因緣得福多不？"須菩提言："甚多，世尊！甚多，修伽陀！"

笈译："彼何意念？善實！若有善家子若，善家女若，三千大千世界七寶滿作已施與，雖然，彼善家子若，善家女若，彼緣多福聚生？"善實言："多，世尊！多，善逝！"

奘译：佛告善現："於汝意云何？若善男子或善女人以此三千大千世界盛滿七寶，奉施如來、應、正等覺，是善男子或善女人由是因緣所生福聚寧為多不？"善現答言："甚多！世尊！甚多！善逝！"

义译："妙生！於汝意云何？若人以滿三千大千世界七寶布施，是人得福多不？"妙生言："甚多，世尊！"

भगवानाह-- एवमेतत्सुभूत एवमेतत्। बहु स कुलपुत्रो वा कुलदुहिता वा ततोनिदानं पुण्यस्कन्धं प्रसुनुयात्। तत्कस्य हेतोः पुण्यस्कन्धः पुण्यस्कन्ध इति सुभूतेऽस्कन्धः स तथागतेन भाषितः। तेनोच्यते पुण्यस्कन्ध इति। सचेत्सुभूते पुण्यस्कन्धोऽभविष्यत् न तथागतोऽभाषिष्यत् पुण्यस्कन्धः पुण्यस्कन्ध इति॥ १९॥

今译：世尊说："正是这样，须菩提啊，正是这样。这善男子或善女人会由此因缘产生很多功德藏。为什么？所谓功德藏、功德藏，须菩提啊，也就是如来所说的非藏，因此称为功德藏。须菩提啊，如果有功德藏，如来就不会说功德藏、功德藏。

什译："須菩提！若福德有實，如來不說得福德多。以福德無故，如來說得福德多。

菩译：佛言："如是，如是！須菩提！彼善男子、善女人以是因緣得福德聚多。須菩提！若福德聚有實，如來則不說福德聚、福德聚。

留译：佛言："如是，須菩提！如是。彼善男子、善女人以是因緣福聚多。"佛言："須菩提！若福德聚但名為聚[1]，如來則不應說是福德聚、是福德聚。

谛译：佛言："如是，須菩提！如是。彼善男子、善女人以是因緣福聚多。"佛言："須菩提！若福德聚但名為聚，如來則不應說是福德聚、是福德聚。

笈译：世尊言："如是，如是，善實！如是，如是！多。彼善家子若，善家女若，彼緣多福聚生，無量、不可數。福聚、福聚者，善實！非聚彼如來說，彼故說名福聚者。若復，善實！福聚有，不如來說福聚、福聚者。

奘译：佛言："善現！如是！如是！彼善男子或善女人由此因緣所生福聚其量甚多。何以故？善現！若有福聚，如來不說福聚、福聚。"

义译："妙生！若此福聚是福聚者，如來則不說為福聚、福聚。

तत्किं मन्यसे सुभूते रूपकायपरिनिष्पत्त्या तथागतो द्रष्टव्यः। सुभूतिराह-- नो हीदं भगवन्। न रूपकायपरिनिष्पत्त्या तथागतो द्रष्टव्यः। तत्कस्य हेतोः रूपकायपरिनिष्पत्ती रूपकायपरिनिष्पत्तिरिति भगवन्नपरिनिष्पत्तिरेषा तथागतेन भाषिता। तेनोच्यते रूपकायपरिनिष्पत्तिरिति।

今译："你认为怎样？须菩提啊，能凭色身完美[2]看见如来吗？"须菩提说："确实不能，世尊！不能凭色身完美看见如来。为什么？所谓色身完美、色身完美，世尊！也就是如来所说的非完美，因此称为色身完美。"

什译："須菩提！於意云何？佛可以具足色身見不？""不也，世尊！如來不應以具足色身見。何以故？如來說具足色身，即非具足

① 此处留译和谛译"若福德聚但名为聚"，按原文应为"若有福德聚"。

② "色身"（rūpakāya）指物质的身体，即肉身。"色身完美"指如来色身具足三十二相。"完美"的原词是 pariniṣpatti，词义为完成、圆满或完美。此词什译、菩译、留译、谛译"具足"，笈译"成就"，奘译"圆实"，义译"圆满"。

色身，是名具足色身。”

菩译：“須菩提！於意云何？佛可以具足色身見不？”須菩提言：“不也，世尊！如來不應以色身見。何以故？如來說具足色身，即非具足色身，是故如來說名具足色身。”

留译：“須菩提！汝意云何？可以具足色身觀如來不？”須菩提言：“不也，世尊！不可以具足色身觀於如來。何以故？此具足色身，如來說非具足色身，是故如來說名具足色身。”

谛译：“須菩提！汝意云何？可以具足色身觀如來不？”須菩提言：“不可，世尊！不可以具足色身觀於如來。何以故？此具足色身，如來說非具足色身，是故如來說名具足色身。”

笈译：“彼何意念？善實！色身成就如來見應？”善實言：“不如此，世尊！非色身成就如來見應。彼何所因？色身成就、色身成就者，世尊！非成就此如來說，彼故說名色身成就者。”

奘译：佛告善現：“於汝意云何？可以色身圓實觀如來不？”善現答言：“不也！世尊！不可以色身圓實觀於如來。何以故？世尊！色身圓實、色身圓實者，如來說非圓實，是故如來說名色身圓實、色身圓實。”

义译：“妙生！於汝意云何？可以色身圓滿觀如來不？”“不爾，世尊！不應以色身圓滿觀於如來。何以故？色身圓滿、色身圓滿者，如來說非圓滿，是故名為色身圓滿。”

भगवानाह-- तत्किं मन्यसे सुभूते लक्षणसंपदा तथागतो द्रष्टव्यः। सुभूतिराह-- नो हीदं भगवन्। न लक्षणसंपदा तथागतो द्रष्टव्यः। तत्कस्य हेतोः यैषा भगवंल्लक्षणसंपत्तथागतेन भाषितालक्षणसंपदेषा तथागतेन भाषिता। तेनोच्यते लक्षणसंपदिति॥२०॥

今译：世尊说：“你认为怎样？须菩提啊，能凭诸相完善看见如来吗？”须菩提说：“确实不能，世尊！不能凭诸相完善看见如来。

为什么？所谓诸相完善，世尊！也就是如来所说的非诸相完善，因此称为诸相完善。”

什译：“須菩提！於意云何？如來可以具足諸相見不？”“不也，世尊！如來不應以具足諸相見。何以故？如來說諸相具足，即非具足，是名諸相具足。”

菩译：佛言：“須菩提！於意云何？如來可以具足諸相見不？”須菩提言：“不也，世尊！如來不應以具足諸相見。何以故？如來說諸相具足，即非具足，是故如來說名諸相具足。”

留译：佛言：“須菩提！汝意云何？可以具足諸相觀如來不？”須菩提言：“不也，世尊！不可以具足諸相觀於如來。何以故？此具足相，如來說非具足相，是故如來說具足相。”

谛译：佛言：“須菩提！汝意云何？可以具足諸相觀如來不？”須菩提言：“不可，世尊！不可以具足諸相觀於如來。何以故？此具足相，如來說非具足相，是故如來說具足相。”

笈译：世尊言：“彼何意念？善實！相具足如來見應？”善實言：“不如此，世尊！非相具足如來見應。彼何所因？此，世尊！相具足如來說，非相具足如來說，彼故說名相具足者。”

奘译：佛告善現：“於汝意云何？可以諸相具足觀如來不？”善現答言：“不也！世尊！不可以諸相具足觀於如來。何以故？世尊！諸相具足、諸相具足者，如來說為非相具足，是故如來說名諸相具足、諸相具足。”

义译：“妙生！可以具相觀如來不？”“不爾，世尊！不應以具相觀於如來。何以故？諸具相者，如來說非具相，是故如來說名具相。”

भगवानाह-- तत्किं मन्यसे सुभूतेऽपि नु तथागतस्यैवं भवति-- मया धर्मो देशित इति। सुभूतिराह-- नो हीदं भगवन्न तथागतस्यैवं भवति-- मया धर्मो देशित इति। भगवानाह-- यः सुभूत एवं वदेत्-- तथागतेन धर्मो देशित इति स वितथं

वदेत्। अभ्याचक्षीत मां स सुभूतेऽसतोद्गृहीतेन। तत्कस्य हेतोः धर्मदेशना धर्मदेशनेति सुभूते नास्ति स कश्चिद्धर्मो यो धर्मदेशना नामोपलभ्यते।

今译：世尊说："你认为怎样？须菩提啊，如来有'我已宣示法'这样的想法吗？"须菩提说；"确实没有，世尊！如来没有'我已宣示法'这样的想法。"世尊说："须菩提啊，若有人这样说：'如来已宣示法。'他便是说假话。须菩提啊，他便是执取不实而毁损我。为什么？所谓宣示法、宣示法，须菩提啊，也就是没有任何法可以得名为宣示法。"

什译："須菩提！汝勿謂如來作是念：'我當有所說法。'莫作是念，何以故？若人言：'如來有所說法。'即為謗佛，不能解我所說故。須菩提！說法者無法可說，是名說法。"

菩译：佛言："須菩提！於意云何？汝謂如來作是念：'我當有所說法'耶？須菩提！莫作是念。何以故？若人言：'如來有所說法。'即為謗佛，不能解我所說故。何以故？須菩提！如來說法、說法者，無法可說，是名說法。"

留译：佛言："須菩提！汝意云何？如來有如是意：'我今實說法'耶？須菩提！若有人言：'如來實能說法。'汝應當知，是人由非實有及以邪執，起誹謗我。何以故？須菩提！說法、說法，實無有法名為說法。"

谛译：佛言："須菩提！汝意云何？如來有如是意：'我今實說法'耶？須菩提！若有人言：'如來實能說法。'汝應當知，是人由非實有及以邪執，起誹謗我。何以故？須菩提！說法、說法，實無有法名為說法。"

笈译：世尊言："彼何意念？善實！雖然，如來如是念：'我法說'？"善實言："不如此，世尊！不如來如是念：'我法說。'"世尊言："若我，善實！如是語：'如來法說。'誹謗我。彼，善實！不實取。彼何所因？法說、法說者，善實！無有法，若法說名可得。"

奘译：佛告善現："於汝意云何？如來頗作是念：'我當有所說法'耶？善現！汝今勿當作如是觀。何以故？善現！若言如來有所說法，即為謗我，為非善取。何以故？善現！說法、說法者，無法可得，故名說法。"

义译："妙生！於汝意云何？如來作是念：'我說法'耶？汝勿作是見。若言：'如來有所說法者。'則為謗我。何以故？言說法、說法者，無法可說，是名說法。"

एवमुक्त आयुष्मान्सुभूतिर्भगवन्तमेतदवोचत्-- अस्ति भगवन् केचित्सत्त्वा भविष्यन्त्यनागतेऽध्वनि पश्चिमे काले पश्चिमे समये पश्चिमायां पञ्चशत्यां सद्धर्मविप्रलोपे वर्तमाने य इमानेवंरूपान् धर्मांञ्छ्रुत्वाभिश्रद्धास्यन्ति। भगवानाह-- न ते सुभूते सत्त्वा नासत्त्वाः। तत्कस्य हेतोः सत्त्वाः सत्त्वा इति सुभूते सर्वे ते सुभूते असत्त्वास्तथागतेन भाषिताः। तेनोच्यन्ते सत्त्वा इति॥२१॥

今译：这样说罢，长老须菩提对世尊说道："世尊！在未来世末时，最后的时候，最后的五百年，正法毁坏时，会有一些众生闻听而信奉这样的法吗？"世尊说："须菩提啊，他们不是众生，也不是非众生。为什么？须菩提啊，所谓众生、众生，须菩提啊，他们全都是如来所说的非众生，因此称为众生。

什译：爾時，慧命須菩提白佛言："世尊！頗有衆生於未來世，聞說是法，生信心不？"佛言："須菩提！彼非衆生，非不衆生。何以故？須菩提！衆生、衆生者，如來說非衆生，是名衆生。"

菩译：爾時，慧命須菩提白佛言："世尊！頗有衆生於未來世，聞說是法，生信心不？"佛言："須菩提！彼非衆生，非不衆生。何以故？須菩提！衆生、衆生者，如來說非衆生，是名衆生。"

留译：爾時，須菩提白佛言："世尊！頗有衆生於未來世，聽聞正說如是等相此經章句，生實信不？"佛告須菩提："彼非衆生，非非衆生。何以故？須菩提！彼衆生者，如來說非衆生，非非衆生，故說衆生。

谛译：爾時，須菩提白佛言："世尊！頗有眾生，於未來世聽聞正說如是等相此經章句，生實信不？"佛告須菩提："彼非眾生，非非眾生。何以故？須菩提！彼眾生者，如來說非眾生，非非眾生，故說眾生。

笈译：爾時，命者善實世尊邊如是言："雖然，世尊！當有未來，頗有眾生，後時、後長時、後分五百，正法破壞時中轉時中，若此如是色類法說聞已，信當有？"世尊言："不彼，善實！眾生，非不眾生。彼何所因？眾生、眾生者，善實！一切彼非眾生彼如來說，彼故說名眾生者。

奘译：爾時，具壽善現白佛言："世尊！於當來世後時、後分、後五百歲，正法將滅時分轉時，頗有有情聞說如是色類法已能深信不？"佛言："善現！彼非有情、非不有情。何以故？善現！一切有情者，如來說非有情，故名一切有情。"

义译：妙生白佛言："世尊！於當來世，頗有眾生聞說是經，生信心不？"佛告妙生："有生信者，彼非眾生，非非眾生。何以故？眾生、眾生者，如來說非眾生，是名眾生。

तत्किं मन्यसे सुभूते-- अपि न्वस्ति स कश्चिद्धर्मः यस्तथागतेनानुत्तरां सम्यक्संबोधिमभिसंबुद्धः। आयुष्मान्सुभूतिराह-- नो हीदं भगवन्। नास्ति स भगवन् कश्चिद्धर्मो यस्तथागतेनानुत्तरां सम्यक्संबोधिमभिसंबुद्धः। भगवानाह-- एवमेतत्सुभूत एवमेतत्। अणुरपि तत्र धर्मो न संविद्यते नोपलभ्यते। तेनोच्यते अनुत्तरा सम्यक्संबोधिरिति॥२२॥

今译："你认为怎样？须菩提啊，有如来觉知为无上正等菩提的任何法吗？"长老须菩提说："确实没有，世尊！没有如来觉知为无上正等菩提的任何法。"世尊说："正是这样，须菩提啊，正是这样。这里不存在，也不可能获得哪怕些微的法，因此称为无上正等菩提。

什译：須菩提白佛言："世尊！佛得阿耨多羅三藐三菩提，為無所得耶？""如是，如是！須菩提！我於阿耨多羅三藐三菩提乃至無有少法可得，是名阿耨多羅三藐三菩提。

菩译：佛言：“須菩提！於意云何？如來得阿耨多羅三藐三菩提耶？”須菩提言：“不也！世尊！世尊，無有少法如來得阿耨多羅三藐三菩提。”佛言：“如是，如是！須菩提！我於阿耨多羅三藐三菩提乃至無有少法可得，是名阿耨多羅三藐三菩提。

留译：“須菩提！汝意云何？頗有一法如來所得名阿耨多羅三藐三菩提不？”須菩提言：“不也，世尊！無有一法如來所得名阿耨多羅三藐三菩提。”佛言：“如是，須菩提！如是。乃至無有如微塵法如來所捨如來所得，是故，說名阿耨多羅三藐三菩提平等平等。復次，須菩提！諸佛諸佛覺知無有差別，是故，說名阿耨多羅三藐三菩提。復次，須菩提！此法平等無有高下，是名阿耨多羅三藐三菩提。[1]

谛译：“須菩提！汝意云何？頗有一法如來所得名阿耨多羅三藐三菩提不？”須菩提言：“不得，世尊！無有一法如來所得，名阿耨多羅三藐三菩提。”佛言：“如是，須菩提！如是。乃至無有如微塵法如來所捨，如來所得，是故，說名阿耨多羅三藐三菩提平等平等。復次，須菩提！諸佛諸佛覺知無有差別，是故，說名阿耨多羅三藐三菩提。復次，須菩提！此法平等無有高下，是名阿耨多羅三藐三菩提。

笈译：“彼何意念？善實！雖然，有法若如來無上正遍知證覺？”命者善實言：“無有彼，世尊！有法若如來無上正遍知。”世尊言：“如是，如是！善實！如是，如是！微小彼中法無有，不可得，彼故說名無上正遍知者。

奘译：佛告善現：“於汝意云何？頗有少法，如來、應、正等覺現證無上正等菩提耶？”具壽善現白佛言：“世尊！如我解佛所說義者，無有少法，如來、應、正等覺現證無上正等菩提。”佛言：“善現！如是！如是！於中少法無有無得，故名無上正等菩提。

义译：“妙生！於汝意云何？佛得無上正等覺時，頗有少法所證

---

① 留译和谛译这段文字表述多有增饰。

不？”妙生言：“實無有法是佛所證。”

अपि तु खलु पुनः सुभूते समः स धर्मो न तत्र किंचिद्विषमम्। तेनोच्यते अनुत्तरा सम्यक्संबोधिरिति। निरात्मत्वेन निःसत्त्वत्वेन निर्जीवत्वेन निष्पुद्गलत्वेन समा सानुत्तरा सम्यक्संबोधिः सर्वैः कुशलैर्धर्मैरभिसंबुध्यते। तत्कस्य हेतोः कुशला धर्माः कुशला धर्मा इति सुभूतेऽधर्माश्चैव ते तथागतेन भाषिताः। तेनोच्यन्ते कुशला धर्मा इति॥२३॥

今译：“再有，须菩提啊，此法平等，其中没有任何不平等。因此，称为无上正等菩提。以一切善法觉知这种无我性、无众生性、无生命性和无人性而平等的无上正等菩提。为什么？所谓善法、善法，须菩提啊，它们也就是如来所说的非法，因此称为善法。

什译：“復次，須菩提！是法平等，無有高下，是名阿耨多羅三藐三菩提。以無我、無人、無眾生、無壽者，修一切善法，則得阿耨多羅三藐三菩提。須菩提！所言善法者，如來說非善法，是名善法。

菩译：“復次，須菩提！是法平等，無有高下，是名阿耨多羅三藐三菩提。以無眾生、無人、無壽者，得平等阿耨多羅三藐三菩提一切善法，得阿耨多羅三藐三菩提。須菩提！所言善法、善法者，如來說非善法，是名善法。

留译：“復次，須菩提！此法平等，無有高下，是名阿耨多羅三藐三菩提。復次，須菩提！由無我、無眾生、無壽者、無受者等，此法平等，故名阿耨多羅三藐三菩提。復次，須菩提！由實善法具足圓滿，得阿耨多羅三藐三菩提。須菩提！所言善法、善法者，如來說非法，故名善法。

谛译：“復次，須菩提！此法平等，無有高下，是名阿耨多羅三藐三菩提。復次，須菩提！由法無我、無眾生、無壽者、無受者等，此法平等，故名阿耨多羅三藐三菩提。復次，須菩提！由實善法具足圓滿，得阿耨多羅三藐三菩提。須菩提！所言善法、善法者，如來說非法，故名善法。

笈译：“雖然復次時，善實！平等正法，彼不中有不平等，彼故說名無上正遍知者。無我故，無壽故，無眾生故，無人故，平等無上正遍知，一切善法證覺。善法、善法者，善實！非法如是彼如來說，彼故說名善法者。

奘译：“復次，善現！是法平等，於其中間無不平等，故名無上正等菩提。以無我性、無有情性、無命者性、無士夫性、無補特伽羅等性平等，故名無上正等菩提。一切善法無不現證，一切善法無不妙覺。善現！善法、善法者，如來一切說為非法，是故如來說名善法、善法。”

义译：佛告妙生：“如是，如是！此中無有少法可得，故名無上正等菩提。妙生！是法平等，無有高下，故名無上正等菩提。以無我、無眾生、無壽者、無更求趣性，其性平等，故名無上正等菩提。一切善法皆正覺了，故名無上正等正覺。妙生！善法者，如來說為非法，故名善法。

यश्च खलु पुनः सुभुते स्त्री वा पुरुषो वा यावन्तस्त्रिसाहस्रमहासाहस्रे लोकधातौ सुमेरवः पर्वतराजानः तावतो राशीन्सप्तानां रत्नानामभिसंहृत्य तथागतेभ्योऽर्हद्भ्यः सम्यक्संबुद्धेभ्यो दानं दद्यात् यश्च कुलपुत्रो वा कुलदुहिता वेतः प्रज्ञापारमितायाः धर्मपर्यायादन्तशश्चतुष्पादिकामपि गाथामुद्गृह्य परेभ्यो देशयेदस्य सुभूते पुण्यस्कन्धस्यासौ पौर्वकः पुण्यस्कन्धः शततमीमपि कलां नोपैति यावदुपनिषदमपि न क्षमते॥२४॥

今译：“再有，须菩提啊，若有女人或男子堆积起如同三千大千世界中所有须弥山王这样多的七宝，布施给众如来、阿罗汉、正等觉，而若有善男子或善女人从这般若波罗蜜多法门中甚至只取出一首四句的偈颂，向他人宣示，须菩提啊，前者的功德藏甚至不及这种功德藏的百分之一，乃至不能比拟。

什译：“須菩提！若三千大千世界中所有諸須弥山王，如是等七寶聚，有人持用布施。若人以此般若波羅蜜經乃至四句偈等，受持讀誦，為他人說，於前福德百分不及一，百千萬億分，乃至算數譬喻所不能及。

菩译："須菩提！三千大千世界中，所有諸須弥山王如是等七寶聚，有人持用布施。若人以此般若波羅蜜經乃至四句偈等，受持讀誦，為他人說，於前福德百分不及一，千分不及一，百千萬分不及一，歌羅分不及一，數分不及一，優波尼沙陀分不及一，乃至算數譬喻所不能及。

留译："須菩提！三千大千世界所有諸須彌山王如是等七寶聚滿此世界，有人持用布施。若人從此般若波羅蜜經乃至四句偈等，受持讀誦，為他正說，所得功德，以前功德比此功德，百分不及一，千萬億分不及一，窮於算數不及其一，乃至威力品類相應譬喻所不能及。

谛译："須菩提！三千大千世界所有諸須彌山王如是等七寶聚滿此世界，有人持用布施。若人從此般若波羅蜜經乃至四句偈等，受持讀誦，為他正說，所得功德，以前功德比此功德，百分不及一，千萬億分不及一，窮於算數不及其一，乃至威力品類相應譬喻所不能及。

笈译："若復，善實！所有三千大千世界須彌山王，彼所有聚七寶，普散如來、應、等正遍知施與。若此智慧彼岸到，乃至四句等偈受已，為他等分別，此，善實！福聚，彼前者福聚，百上亦數不及，千上亦，百千上亦，俱致百千上亦，俱致那由他百千上亦，僧企耶亦，迦羅亦，算亦，譬喻亦，憂波泥奢亦，乃至譬喻亦不及。

奘译："復次，善現！若善男子或善女人集七寶聚，量等三千大千世界其中所有妙高山王，持用布施。若善男子或善女人於此般若波羅蜜多經中乃至四句伽他，受持讀誦，究竟通利及廣為他宣說開示，如理作意。善現！前說福聚於此福聚，百分計之所不能及，如是千分、若百千分、若俱胝百千分、若俱胝那庾多百千分、若數分、若計分、若算分、若喻分、若鄔波尼殺曇分亦不能及。"

义译："妙生！若三千大千世界中，所有諸妙高山王如是等七寶聚，有人持用布施。若復有人於此經中乃至一四句頌，若自受持，及為他說。以前福聚比此福聚，假令分此以為百分，彼亦不能及一分，或千分、億分、算分、勢分、數分、因分，乃至譬喻亦不能及一。

तत्किं मन्यसे सुभूते-- अपि नु तथागतस्यैवं भवति-- मया सत्त्वाः परिमोचिता इति न खलु पुनः सुभूत एवं द्रष्टव्यम्। तत्कस्य हेतोः नास्ति सुभूते कश्चित्सत्त्वो यस्तथागतेन परिमोचितः। यदि पुनः सुभूते कश्चित्सत्त्वोऽभवि- ष्यद्यस्तथागतेन परिमोचितः स्यात्स एव तथागतस्यात्मग्राहोऽभविष्यत्सत्त्वग्राहो जीवग्राहः पुद्गलग्राहो ऽभविष्यत्। आत्मग्राह इति सुभूतेऽग्राह एष तथागतेन भाषितः। स च बालपृथग्जनैरुद्गृहीतः। बालपृथग्जना इति सुभूतेऽजना एव ते तथागतेन भाषिताः। तेनोच्यन्ते बालपृथग्जना इति॥ २५॥

今译：“你认为怎样？如来有‘我解脱众生’这样的想法吗？须菩提啊，确实不能这样看。为什么？须菩提啊，没有如来解脱的任何众生。须菩提啊，如果有如来解脱的任何众生，如来就会执著我，就会执著众生，执著生命，执著人。所谓执著我，须菩提啊，也就是如来所说的非执著。而愚夫凡人执著它。所谓愚夫凡人，须菩提啊，他们也就是如来所说的非人，因此称为愚夫凡人。

什译：“須菩提！於意云何？汝等勿謂如來作是念：‘我當度眾生。’須菩提！莫作是念。何以故？實無有眾生如來度者。若有眾生如來度者，如來則有我、人、眾生、壽者。須菩提！如來說：‘有我者，則非有我，而凡夫之人以為有我。’須菩提！凡夫者，如來說則非凡夫。

菩译：“須菩提！於意云何？汝謂如來作是念：‘我度眾生’耶？須菩提！莫作是念。何以故？實無有眾生如來度者。”佛言：“須菩提！若有實眾生如來度者，如來則有我、人、眾生、壽者相。須菩提！如來說有我者，則非有我，而毛道凡夫[1]生者以為有我。須菩提！毛道凡夫生者，如來說名非生，是故言毛道凡夫生。

① 此处“毛道凡夫”的原词是 bālapṛthagjana，其中 bāla 的词义为幼儿、幼稚或愚蠢，pṛthagjana 的词义为低等人或凡夫。这里，“毛道”对应 bālapṛthak，其中，bāla 与 vāla（“马尾”或“毛发”）一词相通，而 pṛthak 与 patha（“道路”）一词读音相近，由此误读成“毛道”。

留译："須菩提！汝意云何？如來作是念：'我度眾生'耶？須菩提！汝今不應作如是念。何以故？實無眾生如來所度。須菩提！若有眾生如來所度，即是我執、眾生執、壽者執、受者執。須菩提！此我等執，如來說非執，嬰兒凡夫眾生之所執故。須菩提！嬰兒凡夫眾生者，如來說非眾生，故說嬰兒凡夫眾生。

谛译："須菩提！汝意云何？如來作是念：'我度眾生'耶？須菩提！汝今不應作如是念。何以故？實無眾生如來所度。須菩提！若有眾生如來所度，即是我執、眾生執、壽者執、受者執。須菩提！此我等執，如來說非執，嬰兒凡夫眾生之所執故。須菩提！嬰兒凡夫眾生者，如來說非眾生，故說嬰兒凡夫眾生。

笈译："彼何意念？善實！雖然，如來如是念：'我眾生度脫。'不，復彼，善實！如是見應。彼何所因？有無，善實！無有一眾生若如來度脫。若復，善實！有如是眾生有，若彼如來度脫，彼如是如來我取有，眾生取、壽取、人取有。我取、我取者，善實！非取此如來說，彼小兒凡夫生取。小兒凡夫生、小兒凡夫生者，善實！非生彼如來說，彼故說名小兒凡夫生者。

奘译：佛告善現："於汝意云何？如來頗作是念：'我當度脫諸有情'耶？善現！汝今勿當作如是觀。何以故？善現！無少有情如來度者。善現！若有有情如來度者，如來即應有其我執、有有情執、有命者執、有士夫執、有補特伽羅等執。善現！我等執者，如來說為非執，故名我等執，而諸愚夫異生[①]強有此執。善現！愚夫異生者，如來說為非生，故名愚夫異生。"

义译："妙生！於汝意云何？如來度眾生不？汝莫作是見：'如來度眾生。'何以故？曾無有一眾生是如來度者。若有眾生是如來度者，如來則有我見、眾生見、壽者見、更求趣見。妙生！我等執者，如來說為非執，而諸愚夫妄為此執。妙生！愚夫眾生，如來說為非生，

① 此处"异生"对应 pṛthagjana，其中 pṛthak 的词义为另外的，不同的，jana 的词义为出生或人，故而直译为"异生"，实际意义指低等人、愚夫或凡人。

故名愚夫眾生。

तत्किं मन्यसे सुभूते-- लक्षणसंपदा तथागतो द्रष्टव्यः। सुभूतिराह-- नो हीदं भगवन्। यथाहं भगवतो भाषितस्यार्थमाजानामि न लक्षणसंपदा तथागतो द्रष्टव्यः।

今译："你认为怎样？能凭诸相完善看见如来吗？"须菩提说："确实不能，世尊！据我所知世尊所说的意义，不能凭诸相完善看见如来。"

什译："須菩提！於意云何？可以三十二相觀如來不？"須菩提言："如是，如是！以三十二相觀如來。"①

菩译："須菩提！於意云何？可以相成就得見如來不？"須菩提言："如我解如來所說義，不以相成就得見如來。"

留译："須菩提！汝意云何？可以具足相觀如來不？"須菩提言："如我解佛所說義，不以具足相應觀如來。"

谛译："須菩提！汝意云何？可以具足相觀如來不？"須菩提言："如我解佛所說義，不以具足相應觀如來。"

笈译："彼何意念？善實！相具足如來見應？"善實言："不如此，世尊！如我，世尊說義解我，不相具足如來見應。"

奘译：佛告善現："於汝意云何？可以諸相具足觀如來不？"善現答言："如我解佛所說義者，不應以諸相具足觀於如來。"

义译："妙生！於汝意云何？應以具相觀如來不？""不爾，世尊！不應以具相觀於如來。"

भगवानाह-- साधु साधु सुभूत एवमेतत्सुभूत एवमेतद्यथा वदसि। न लक्षणसंपदा तथागतो द्रष्टव्यः।तत्कस्य हेतोः सचेत्पुनः सुभूते लक्षणसंपदा तथागतो द्रष्टव्योऽभविष्यद्राजापि चक्रवर्ती तथागतोऽभविष्यत्। तस्मान्न लक्षणसंपदा तथागतो द्रष्टव्यः।

① 什译这句与原文有差异。

今译：世尊说："很好，很好，须菩提啊！正是这样，须菩提啊，正是这样。正如你所说，不能凭诸相完善看见如来。为什么？须菩提啊，如果能凭诸相完善看见如来，那么，甚至转轮王[1]也会成为如来，因此不能凭诸相完善看见如来。"

什译：佛言："須菩提！若以三十二相觀如來者，轉輪聖王則是如來。"

菩译：佛言："如是，如是！須菩提！不以相成就得見如來。"佛言："須菩提！若以相成就觀如來者，轉輪聖王應是如來，是故非以相成就得見如來。"

留译：佛言："如是，須菩提！如是。不以具足相應觀如來。何以故？若以具足相觀如來者，轉輪聖王應是如來，是故不以具足相應觀如來。"

谛译：佛言："如是，須菩提！如是。不以具足相應觀如來。何以故？若以具足相觀如來者，轉輪聖王應是如來，是故不以具足相應觀如來。"

笈译：世尊言："善，善！善實！如是，如是！善實！如如語汝，不相具足如來見應。彼何所因？彼復，善實！相具足如來見應，有彼王轉輪如來有，彼故不相具足如來見應。此相非相故，如來見應[2]。"

奘译：佛言："善現！善哉！善哉！如是！如是！如汝所說。不應以諸相具足觀於如來。善現！若以諸相具足觀如來者，轉輪聖王應是如來，是故不應以諸相具足觀於如來。如是應以諸相非相觀於如來。"

义译："妙生！若以具相觀如來者，轉輪聖王應是如來，是故不應以具相觀於如來，應以諸相非相觀於如來。"

आयुष्मान् सुभूतिर्भगवन्तमेतदवोचत्-- यथाहं भगवतो भाषितस्यार्थमा-

① "转轮王"（cakravartin）指统一天下的国王，也具有三十二大人相。
② 这段最后一句不见于原文，缪勒本也没有这句，而奘译和义译有这句。

जानामि न लक्षणसंपदा तथागतो द्रष्टव्यः। अथ खलु भगवांस्तस्यां वेलायामिमे गाथेऽभाषत--

今译：长老须菩提对世尊说道：“据我所知世尊所说的意义，不能凭诸相完善看见如来。”就在这时，世尊诵出这两首偈颂：

什译：須菩提白佛言：“世尊！如我解佛所說義，不應以三十二相觀如來。”爾時，世尊而說偈言：

菩译：爾時，世尊而說偈言：

菩译：是時，世尊而說偈言：

谛译：是時，世尊而說偈言：

笈译：爾時，命者善實世尊邊如是言：“如我，世尊！世尊說義解我，不相具足如來見應。”爾時，世尊彼時此伽陀說：

奘译：爾時，世尊而說頌曰：

义译：爾時，世尊而說頌曰：

ये मां रूपेण चाद्राक्षुर्ये मां घोषेण चान्वयुः।
मिथ्याप्रहाणप्रसृता न मां द्रक्ष्यन्ति ते जनाः॥१॥

今译：凭借形色观看我，凭借声音追寻我，
这些人徒劳无益[1]，他们不会看见我。

什译：若以色見我，以音聲求我，
是人行邪道，不能見如來。

菩译：若以色見我，以音聲求我，
是人行邪道，不能見如來。

① “徒劳无益”的原文是 mithyāprahāṇaprasṛta，其中，mithyā 的词义为虚假或虚妄，prahāṇa 的词义为出离或断除，有时也表示努力（相当于巴利语的 pradhāna），prasṛta 的词义为前行、伸展或从事。这个复合词什译、菩译、留译和谛译“行邪道”。笈译“邪解脱行”，是将 prahāṇa（“出离”或“断灭”）理解为解脱。奘译“履邪断”是按原词直译。义译“起邪观”是意译。

留译：若以色見我，以音聲求我，
是人行邪道，不應得見我。

谛译：若以色見我，以音聲求我，
是人行邪道，不應得見我。

笈译：若我色見，若我聲求，
邪解脫行，不我見彼。

奘译：諸以色觀我，以音聲尋我，
彼生履邪斷，不能當見我。

义译：若以色見我，以音聲求我，
是人起邪觀，不能當見我。

धर्मतो बुद्धा द्रष्टव्या धर्मकाया हि नायकाः।
धर्मता च न विज्ञेया न सा शक्या विजानितुम्॥२॥२६॥

今译：依据法能见诸佛，因为法身[①]即导师，
而法性不可认知，也就无人能认知。

什译：（缺）[②]

菩译：彼如來妙體，即法身諸佛，
法體[③]不可見，彼識不能知。

留译：由法應見佛，調御法為身[④]，
此法非識境[⑤]，法如深難見。

---

① 佛有三身："法身"（dharmakāya）指法性，"受用身"（sambhogakāya，也译"报身"）指佛具足三十二大人相的身体，"化身"（nirmāṇakāya，也译"应身"）指佛依据为众生说法所需而幻变的种种身体。

② 这第二首偈颂不见于什译。

③ "法体"是 dharmatā（"法性"）的另一种译名。

④ 这句中的"调御"的原词是 nāyaka（"导师"）。此处"调御"指调御师（śāstṛ 或 damyasārathi），也是佛的称号。"调御法为身"意谓佛以法性为身。

⑤ "识境"的原词是 vijñeya，词义为可认知的，即认知对象。

谛译：由法應見佛，調御法為身，
此法非識境，法如深難見。

笈译：法體佛見應，法身彼如來，
法體及不識，故彼不能知。

奘译：應觀佛法性，即導師法身，
法性非所識，故彼不能了。

义译：應觀佛法性，即導師法身，
法性非所識，故彼不能了。

तत्किं मन्यसे सुभूते लक्षणसंपदा तथागतेनानुत्तरा सम्यक्संबोधिरभिसंबुद्धा न खलु पुनस्ते सुभूते एवं द्रष्टव्यम्। तत्कस्य हेतोः न हि सुभूते लक्षणसंपदा तथागतेनानुत्तरा सम्यक्संबोधिरभिसंबुद्धा स्यात्।

今译："你认为怎样？须菩提啊，如来凭诸相完善而觉知无上正等菩提吗？确实，须菩提啊，你不应该这样看。为什么？须菩提啊，因为如来不凭诸相完善而觉知无上正等菩提。

什译："須菩提！汝若作是念：'如來不以具足相故，得阿耨多羅三藐三菩提。'須菩提！莫作是念。如來不以具足相故，得阿耨多羅三藐三菩提。

菩译："須菩提！於意云何？如來可以相成就得阿耨多羅三藐三菩提？須菩提！莫作是念：'如來以相成就得阿耨多羅三藐三菩提。'

留译："須菩提！汝意云何？如來可以具足相得阿耨多羅三藐三菩提不？須菩提！汝今不應作如是見：'如來以具足相得阿耨多羅三藐三菩提。'何以故？須菩提！如來不由具足相得阿耨多羅三藐三菩提。

谛译："須菩提！汝意云何？如來可以具足相得阿耨多羅三藐三菩提不？須菩提！汝今不應作如是見：'如來以具足相得阿耨多羅三

藐三菩提。’何以故？須菩提！如來不由具足相得阿耨多羅三藐三菩提。

笈译：“彼何意念？善實！相具足如來無上正遍知證覺？不，復彼，善實！如是見應。彼何所因？不，善實！相具足如來無上正遍知證覺。

奘译：佛告善現：“於汝意云何？如來、應、正等覺以諸相具足現證無上正等覺耶？善現！汝今勿當作如是觀。何以故？善現！如來、應、正等覺不以諸相具足現證無上正等菩提。

义译：（缺）[①]

न खलु पुनस्ते सुभूते कश्चिदेवं वदेत्-- बोधिसत्त्वयानसंप्रस्थितैः कस्यचिद्धर्मस्य विनाशः प्रज्ञप्त उच्छेदो वेति। न खलु पुनस्ते सुभूत एवं द्रष्टव्यम्। तत्कस्य हेतोः न बोधिसत्त्वयानसंप्रस्थितैः कस्यचिद्धर्मस्य विनाशः प्रज्ञप्तो नोच्छेदः॥२७॥

今译：“再有，须菩提啊，任何人都不应该对你这样说：‘发愿奉行菩萨乘者宣说毁灭和断除任何法。’确实，须菩提啊，你不应该这样看。为什么？发愿奉行菩萨乘者不宣说毁灭和断除任何法。

什译：“須菩提！汝若作是念：‘發阿耨多羅三藐三菩提者，說諸法斷滅相。’莫作是念。何以故？發阿耨多羅三藐三菩提心者，於法不說斷滅相。

菩译：“須菩提！汝若作是念：‘菩薩發阿耨多羅三藐三菩提心者，說諸法斷滅相。’須菩提！莫作是念。何以故？菩薩發阿耨多羅三藐三菩提心者，不說諸法斷滅相。

留译：“須菩提！若汝作是念：‘如來有是說，行菩薩乘人有法可滅。’須菩提！汝莫作此見。何以故？如來不說行菩薩乘人有法可滅，及以永斷。

① 义译略去这句，可能因为前面已经表达这样的意思。

谛译：“須菩提！若汝作是念：‘如來有是說，行菩薩乘人有法可滅。’須菩提！汝莫作此見。何以故？如來不說行菩薩乘人有法可滅，及以永斷。

笈译：“復時，彼，善實！有如是語：‘菩薩乘發行，有法破滅，施設①斷。’不，復，善實！如是見應。彼何所因？不菩薩乘發行有法破滅，施設不斷。

奘译：“復次，善現！如是發趣菩薩乘者，頗施設少法若壞若斷耶？善現！汝今勿當作如是觀。諸有發趣菩薩乘者，終不施設少法若壞若斷。

义译：“妙生！‘諸有發趣菩薩乘者，其所有法是斷滅不？’汝莫作是見。何以故？趣菩薩乘者其法不失。

सप्तरत्नपरिपूर्णान्कृत्वा तथागतेभ्योऽर्हद्भ्यः सम्यक्संबुद्धेभ्यो दानं दद्यात् यश्च बोधिसत्त्वो निरात्मकेष्वनुत्पत्तिकेषु धर्मेषु क्षान्तिं प्रतिलभतेऽयमेव ततोनिदानं बहुतरं पुण्यस्कन्धं प्रसवेदप्रमेयमसंख्येयम्।न खलु पुनः सुभूते बोधिसत्त्वेन महासत्त्वेन पुण्यस्कन्धः परिग्रहीतव्यः।

今译：“再有，须菩提啊，若有善男子或善女人用七宝铺满如同恒河沙数的世界，布施给众如来、阿罗汉、正等觉，而若有菩萨获得无我的无生法忍②，他会由此因缘产生更多的无量无数功德藏。再有，须菩提啊，菩萨大士不应该获取功德藏。”

什译：“須菩提！若菩薩以滿恒河沙等世界七寶布施。若復有人知一切法無我，得成於忍，此菩薩勝前菩薩所得功德。須菩提！以諸菩薩不受福德故。”

菩译：“須菩提！若善男子、善女人以滿恒河沙等世界七寶，持用布施。若有菩薩知一切法無我，得無生法忍。此功德勝前所得福德。

---

① 此处“施设”对应 prajñapta，词义为宣示或宣说。

② “无生法忍”指安忍诸法无生无灭。

須菩提！以諸菩薩不取福德故。”

留译：“須菩提！若有善男子、善女人以滿恒伽沙等世界七寶，持用布施。若有菩薩於一切法無我無生，得無生忍。以是因緣所得福德最多於彼。須菩提！行大乘人不應執取福德之聚。”

谛译：“須菩提！若有善男子、善女人以滿恒伽沙等世界七寶，持用布施。若有菩薩於一切法無我無生，得無生忍，以是因緣所得福德最多於彼。須菩提！行大乘人不應執取福德之聚。”

笈译：“若復，善實！善家子若，善家女若，恒伽河沙等世界七寶滿作已施與，若菩薩摩訶薩無我、無生中法中忍得，此如是彼緣多過福聚生。不，復，善實！菩薩福聚取應。”

奘译：“復次，善現！若善男子或善女人以殑伽河沙等世界盛滿七寶，奉施如來、應、正等覺。若有菩薩於諸無我無生法中獲得堪忍，由是因緣所生福聚甚多於彼。復次，善現！菩薩不應攝受福聚。”

义译：“妙生！若有男子、女人以滿弶伽河沙世界七寶布施。若復有人於無我理、不生法中得忍解者，所生福聚極多於彼無量無數。妙生！菩薩不應取其福聚。”

आयुष्मान् सुभूतिराह-- ननु भगवन्बोधिसत्त्वेन पुण्यस्कन्धः परिग्रहीतव्यः। भगवानाह--परिग्रहीतव्यः सुभूते नोद्ग्रहीतव्यः। तेनोच्यते परिग्रहीतव्य इति॥ २८॥

今译：长老须菩提说：“世尊！难道菩萨不应该获取功德藏吗？”世尊说：“应该获取，须菩提啊，也就是不应该获取，因此称为应该获取。

什译：須菩提白佛言：“世尊！云何菩薩不受福德？”“須菩提！菩薩所作福德，不應貪著[①]，是故說不受福德。

① 此处什译表述与原文有差异，按原文的表述是“应该获取”，“也就是不获取”。其中，第一个“获取”用词是 parigrahītvayam，第二个“获取”用词是 udgrahītvayam，虽然动词前缀 pari 和 ud 有所不同，但词义均为“获取”。例如前面多次提到“从这波罗蜜多法门中甚至只取出一首四句偈颂”，其中“取出”的用词就是 udgrahya。故而，什译是将此词引申为“贪著”。此处笈译和奘译与原文一致，而留译、谛译和义译均受什译影响。

菩译：須菩提白佛言："世尊！云何菩薩不取福德？"佛言："須菩提！菩薩受福德，不取福德，是故菩薩取福德。

留译：須菩提言："此福德聚可攝持不？"佛言："須菩提！此福德聚可得攝持，不可執取，是故說此福德之聚應可攝持。

谛译：須菩提言："此福德聚可攝持不？"佛言："須菩提！此福德聚可得攝持，不可執取，是故說此福德之聚應可攝持。

笈译：命者善實言："不，世尊！菩薩福聚取應？"世尊言："取應，善實！不取應，彼故說名取應。

奘译：具壽善現即白佛言："世尊！云何菩薩不應攝受福聚？"佛言："善現！所應攝受，不應攝受，是故說名所應攝受。

义译：妙生言："菩薩豈不取福聚耶？"佛告妙生："是應正取，不應越取，是故說取。

अपि तु खलु पुनः सुभूते यः कश्चिदेवं वदेत्-- तथागतो गच्छति वागच्छति वा तिष्ठति वा निषीदति वा शय्यां वा कल्पयति न मे सुभूते स भाषितस्यार्थमाजानाति। तत्कस्य हेतोः तथागत इति सुभूत उच्यते न क्वचिद्गतो न कुतश्चिदागतः। तेनोच्यते तथागतोऽर्हन्सम्यक्संबुद्ध इति॥२९॥

今译："再有，须菩提啊，若有人这样说：'如来或去，或来，或站，或坐，或卧。'须菩提啊，他不理解我所说的意义。为什么？所谓如来，须菩提啊，也就是无所去，无所来，因此称为如来、阿罗汉、正等觉。

什译："須菩提！若有人言：'如來若來若去，若坐，若臥。'是人不解我所說義。何以故？如來者，無所從來，亦無所去，故名如來。

菩译："須菩提！若有人言：'如來若去，若來，若住，若坐，若臥。'是人不解我所說義。何以故？如來者，無所至去，無所從來，故名如來。

留译："須菩提！若有人言：'如來行住坐臥。'是人不解我所說義。何以故？須菩提！如來者，無所行去，無所從來，是故說名如來、應供、正遍覺知。

谛译："須菩提！若有人言：'如來行住坐臥。'是人不解我所說義。何以故？須菩提！如來者，無所行去，亦無所從來，是故名如來、應供、正遍覺知。

笈译："雖然復次時，善實！若有如是語：'如來去若，不去若，住若，坐若，臥若如法。'不我，善實！說義解。彼何所因？如來者，善實！說名無所去，無所來，彼故說名如來、應、正遍知者。

奘译："復次，善現！若有說言如來若去，若來，若住，若坐，若臥，是人不解我所說義。何以故？善現！言如來者即是真實、真如增語，都無所去，無所從來，故名如來、應、正等覺。

义译："妙生！如有說言'如來若來若去，若坐若臥'者，是人不解我所說義。何以故？妙生！都無去來，故名如來。

यश्च खलु पुनः सुभूते कुलपुत्रो वा कुलदुहिता वा यावन्ति त्रिसाहस्र-महासाहस्रे लोकधातौ पृथिवीरजांसि तावतां लोकधातूनामेवंरूपं मषिं कुर्यात् यावदेवमसंख्येयेन वीर्येण तद्यथापि नाम परमाणुसंचयः तत्किं मन्यसे सुभूते-- अपि नु बहुः स परमाणुसंचयो भवेत्।

今译："再有，须菩提啊，若有善男子或善女人将如同三千大千世界中大地尘土这样多的这些世界磨成这样的墨粉，这样费尽无数力气，如同磨成极微[1]堆，你认为怎样？须菩提啊，这种极微堆很多吗？"

什译："須菩提！若善男子、善女人以三千大千世界碎為微塵，於意云何？是微塵眾寧為多不？"

菩译："須菩提！若善男子、善女人以三千大千世界微塵，復以

① "极微"（parama-aṇu，也译"微尘"）指物质的最小单位。此词留译和谛译也译为"邻虚"，意谓临近虚无。

爾許微塵世界，碎為微塵阿僧祇。須菩提！於意云何？是微塵眾寧為多不？”

留译：“須菩提！若善男子、善女人，以三千大千世界地大微塵，燒成灰末，合為墨丸如微塵聚。須菩提！汝意云何？是隣虛聚寧為多不？”

谛译：“須菩提！若善男子、善女人，以三千大千世界地大微塵，燒成灰末，合為墨丸如微塵聚。須菩提！汝意云何？是隣虛聚寧為多不？”

笈译：“若復，善實！善家子若，善家女若，所有三千大千世界地塵，彼如是色類墨作已，乃至如是不可數，譬如最小聚。彼何意念？善實！雖然，彼多最小聚有？”

奘译：“復次，善現！若善男子或善女人，乃至三千大千世界大地極微塵量等世界，即以如是無數世界色像[1]為墨如極微聚。善現！於汝意云何？是極微聚寧為多不？”

义译：“妙生！若有男子、女人以三千大千世界土地碎為墨塵。妙生！於汝意云何？是極微聚寧為多不？”

सुभूतिराह-- एवमेतद्भगवन्नेवमेतत्सुगत। बहुः स परमाणुसंचयो भवेत्। तत्कस्य हेतोः सचेद्भगवन्बहुः परमाणुसंचयोऽभविष्यत् न भगवानवक्ष्यत्--परमाणुसंचय इति। तत्कस्य हेतोः योऽसौ भगवन्परमाणुसंचयस्तथागतेन भाषितोऽसंचयः स तथागतेन भाषितः। तेनोच्यते परमाणुसंचय इति।

今译：须菩提说：“正是这样，世尊！正是这样，善逝！这种极微堆很多。为什么？世尊！如果有很多的极微堆，世尊便不会说极微堆。为什么？世尊！这种极微堆也就是如来所说的非堆，因此称为极微堆。

什译：“甚多，世尊！何以故？若是微塵眾實有者，佛則不說是

① 此处“色像”对应 evaṃrūpam，词义为这样。

微塵眾。所以者何？佛說微塵眾，則非微塵眾，是名微塵眾。

菩译：須菩提言：“彼微塵眾甚多。世尊！何以故？若是微塵眾實有者，佛則不說是微塵眾。何以故？佛說微塵眾，則非微塵眾，是故佛說微塵眾。

留译：須菩提言：“彼隣虛聚甚多。世尊！何以故？世尊！若隣虛聚是實有者，世尊則不應說名隣虛聚。何以故？世尊所說，此隣虛聚，如來說非隣虛聚，是故說名為隣虛聚。

谛译：須菩提言：“彼隣虛聚甚多。世尊！何以故？世尊！若隣虛聚是實有者，世尊則不應說名隣虛聚。何以故？世尊！所說此隣虛聚，如來說非隣虛聚，是故說名為隣虛聚。

笈译：善實言：“如是，如是！世尊！多彼最小聚有。彼何所因？彼，世尊！聚有，不世尊說最小聚者。彼何所因？若彼，世尊！最小聚說，非聚彼如來說，彼故說名最小聚者。

奘译：善現答言：“是極微聚甚多！世尊！甚多！善逝！何以故？世尊！若極微聚是實有者，佛不應說為極微聚。所以者何？如來說極微聚即為非聚，故名極微聚。

义译：妙生言：“甚多，世尊！何以故？若聚性是實者，如來不說為極微聚極微聚。何以故？極微聚者，世尊說為非極微聚，故名極微聚。

यश्च तथागतेन भाषितस्त्रिसाहस्रमहासाहस्रो लोकधातुरित्यधातुः स तथागतेन भाषितः। तेनोच्यते त्रिसाहस्रमहासाहस्रो लोकधातुरिति। तत्कस्य हेतोः सचेद्भगवन् लोकधातुरभविष्यत् स एव पिण्डग्राहोऽभविष्यत्। यश्चैव पिण्डग्राहस्तथागतेन भाषितोऽग्राहः स तथागतेन भाषितः। तेनोच्यते पिण्डग्राह इति।

今译：“如来所说的三千大千世界，也就是如来所说的非界，因此称为三千大千世界。为什么？世尊！如果有世界，他就会执著聚合物①。而如来所说的执著聚合物，也就是如来所说的非执著，因此称为执著聚合物。”

什译：“世尊！如來所說三千大千世界，則非世界，是名世界。何以故？若世界實有者，則是一合相。如來說一合相，則非一合相，是名一合相。”

菩译：“世尊！如來所說三千大千世界，則非世界，是故佛說三千大千世界。何以故？若世界實有者，則是一合相。如來說一合相，則非一合相，是故佛說一合相。”

留译：“如來所說三千大千世界，則非世界，故說三千大千世界。何以故？世尊！若執世界為實有者是聚一執。此聚一執如來說非執，故說聚一執。”

谛译：“如來所說三千大千世界，則非世界，故說三千大千世界。何以故？世尊！若執世界為實有者是聚一執。此聚一執如來說非執，故說聚一執。”

笈译：“若及如來說三千大千世界者，非界如來說，彼故說名三千大千世界者。彼何所因？彼，世尊！界有，彼如是摶取有。若如是如來摶取說，非取彼如來說，彼故說名摶取者。”

奘译：“如來說三千大千世界即非世界，故名三千大千世界。何以故？世尊！若世界是實有者，即為一合執 。如來說一合執即為非執，故名一合執。”

义译：“世尊！如來所說三千大千世界，說為非世界，故名三千大千世界。何以故？若世界實有，如來則有聚執。佛說聚執者，說為非聚執，是故說為聚執。”

भगवानाह-- पिण्डग्राहश्चैव सुभूतेऽव्यवहारोऽनभिलाप्यः। न स धर्मो नाधर्मः।

---

① “聚合物”的原词是 piṇḍa，词义为团状物、饭团或聚合物。这里指因缘和合而成的事物。此词什译、菩译和奘译“一合”，留译和谛译“聚一”，笈译“抟”，义译“聚”。

स च बालपृथग्जनैरुद्गृहीतः ॥ ३० ॥

今译：世尊说："须菩提啊，执著聚合物确实不可言说，不可谈论。它不是法，也不是非法，而愚夫凡人执著它。

什译："須菩提！一合相者，則是不可說，但凡夫之人貪著其事。

菩译：佛言："須菩提！一合相者，則是不可說，但凡夫之人，貪著其事。

留译：佛世尊言："須菩提！此聚一執但世言說[①]。須菩提！是法非可言法，嬰兒凡夫偏言所取。

谛译：佛世尊言："須菩提！此聚一執但世言說。須菩提！是法非可言法，嬰兒凡夫偏言所取。

笈译：世尊言："摶取，如是，善實！不世俗語，不可說，非法，非非法，彼小兒凡夫生取。

奘译：佛言："善現！此一合執不可言說，不可戲論，然彼一切愚夫異生強執是法。

义译："妙生！此聚執者是世言論，然其體性實無可說，但是愚夫異生之所妄執。

तत्कस्य हेतोः यो हि कश्चित्सुभूत एवं वदेत्-- आत्मदृष्टिस्तथागतेन भाषिता सत्त्वदृष्टिर्जीवदृष्टिः पुद्गलदृष्टिस्तथागतेन भाषितापि नु स सुभूते सम्यग्वदमानो वदेत्। सुभूतिराह-- नो हीदं भगवन् नो हीदं सुगत न सम्यग्वदमानो वदेत्। तत्कस्य हेतोः या सा भगवन्नात्मदृष्टिस्तथागतेन भाषितादृष्टिः सा तथागतेन भाषिता। तेनोच्यत आत्मदृष्टिरिति।

今译："为什么？须菩提啊，若有人这样说：'如来说我见，如来说众生见、生命见和人见'，须菩提啊，他说得对吗？"须菩提说：

① 此处"但世言说"对应 avyavahāra，可以拆解为 a（"不"）vyavahāra（"习惯用语"），即非日常语言可说。留译和谛译"但世言说"意谓只是世言说。义译"是世言论"，与留译和谛译相似。而笈译"不世俗语"和奘译"不可言说"符合原文。

“确实不对，世尊！确实不对，善逝！他说得不对。为什么？世尊！如来所说的我见，也就是如来所说的非见，因此称为我见。”

什译：“須菩提！若人言：‘佛說我見、人見、眾生見、壽者見。’須菩提！於意云何？是人解我所說義不？”“世尊！是人不解如來所說義。何以故？世尊說我見、人見、眾生見、壽者見，即非我見、人見、眾生見、壽者見，是名我見、人見、眾生見、壽者見。”

菩译：“何以故？須菩提！若人如是言：‘佛說我見、人見、眾生見、壽者見。’須菩提！於意云何？是人所說，為正語不？”須菩提言：“不也，世尊！何以故？世尊！如來說我見、人見、眾生見、壽者見，即非我見、人見、眾生見、壽者見，是名我見、人見、眾生見、壽者見。”

留译：“須菩提！若有人言：‘如來說我見、眾生見、壽者見、受者見。’須菩提！汝意云何？是人言說為正語不？”須菩提言：“不也，世尊！不也，修伽陀！何以故？如來所說我見、眾生見、壽者見、受者見，即是非見，是故說我見、眾生見、壽者見、受者見。”

谛译：“須菩提！若有人言：‘如來說我見、眾生見、壽者見、受者見。’須菩提！汝意云何？是人言說為正語不？”須菩提言：“不正，世尊！不正，修伽陀！何以故？如來所說我見、眾生見、壽者見、受者見，即是非見，是故說我見、眾生見、壽者見、受者見。”

笈译：“彼何所因？若此有，善實！如是說：‘我見如來說，眾生見、壽見、人見如來說。’雖然，彼，善實！正說語？”善實言：“不如此，世尊！不如此，善逝！彼何所因？若彼，世尊！我見如來說，非見彼如來說，彼故說名我見者。”

奘译：“何以故？善現！若作是言：‘如來宣說我見、有情見、命者見、士夫見、補特伽羅見、意生見、摩納婆見、作者見、受者見。’於汝意云何？如是所說為正語不？”善現答言：“不也！世尊！不也！善逝！如是所說非為正語。所以者何？如來所說我見、有情見、命者見、士夫見、補特伽羅見、意生見、摩納婆見、作者見、受者見即為非見，故名我見乃至受者見。”

义译：“妙生！如有說云：‘佛說我見、眾生見、壽者見、更求趣見。’者，是為正說為不正耶？妙生言：“不爾，世尊！何以故？若有我見如來說者，即是非見，故名我見。”

भगवानाह-- एवं हि सुभूते बोधिसत्त्वयानसंप्रस्थितेन सर्वधर्मा ज्ञातव्या द्रष्टव्या अधिमोक्तव्याः। तथा च ज्ञातव्या द्रष्टव्या अधिमोक्तव्याः यथा न धर्मसंज्ञा प्रत्युपतिष्ठेत्। तत्कस्य हेतोः धर्मसंज्ञा धर्मसंज्ञेति सुभूतेऽसंज्ञैषा तथागतेन भाषिता। तेनोच्यते धर्मसंज्ञेति॥ ३१ ॥

今译：世尊说：“须菩提啊，发愿奉行菩萨乘者确实应该这样认知、看待和信奉一切法。应该这样认知、看待和信奉，而不出现法想。为什么？所谓法想、法想，须菩提啊，也就是如来所说的非想，因此称为法想。

什译：“須菩提！發阿耨多羅三藐三菩提心者，於一切法應如是知，如是見，如是信解，不生法相。須菩提！所言法相者，如來說即非法相，是名法相。

菩译：“須菩提！菩薩發阿耨多羅三藐三菩提心者，於一切法應如是知，如是見，如是信，如是不住法相。何以故？須菩提！所言法相、法相者，如來說即非法相，是名法相。

留译：“須菩提！若人行菩薩乘，如是應知，應見，應信，一切諸法如是應修，為令法想不得生起。何以故？須菩提！是法想、法想者，如來說即非想，故說法想。

谛译：“須菩提！若人行菩薩乘，如是應知，應見，應信，一切諸法如是應修，為令法想不得生起。何以故？須菩提！是法想、法想者，如來說即非想，故說法想。

笈译：世尊言：“如是，此，善實！菩薩乘發行，一切法知應，見應，信解應。如信解[1]，如無法想亦住。彼何所因？法想、法想者，善實！非想此如來說，彼故說名法想者。

奘译：佛告善現："諸有發趣菩薩乘者，於一切法應如是知，應如是見，應如是信解，如[2]不住法想。何以故？善現！法想、法想者，如來說為非想，是故如來說名法想、法想。

义译："妙生！諸有發趣菩薩乘者，於一切法應如是知，如是見，如是解。如是解者，乃至法想亦無所住。何以故？妙生！法想、法想者，如來說為非想，故名法想、法想。

यश्च खलु पुनः सुभूते बोधिसत्त्वो महासत्त्वोऽप्रमेयानसंख्येयांल्लोकधातून् सप्तरत्नपरिपूर्णं कृत्वा तथागतेभ्योऽर्हद्भ्यः सम्यक्संबुद्धेभ्यो दानं दद्यात् यश्च कुलपुत्रो वा कुलदुहिता वेतः प्रज्ञापारमिताया धर्मपर्यायादन्तशश्चतुष्पादिकामपि गाथामुद्गृह्य धारयेद्देशयेद्वाचयेत् पर्यवाप्नुयात् परेभ्यश्च विस्तरेण संप्रकाशयेदयमेव ततोनिदानं बहुतरं पुण्यस्कन्धं प्रसुनुयादप्रमेयमसंख्येयम्। कथं च संप्रकाशयेत् यथा न प्रकाशयेत्। तेनोच्यते संप्रकाशयेदिति।

今译："再有，须菩提啊，若有菩萨大士用七宝铺满无量无数的世界，布施给众如来、阿罗汉、正等觉，而若有善男子或善女人从这个般若波罗蜜多法门中甚至只取出一首四句的偈颂，受持、宣说、诵读和通晓，并向他人详细解说，他会由此因缘产生更多的无量无数功德藏。怎样解说？如同他不解说，因此称为解说。"

什译："須菩提！若有人以滿無量阿僧祇世界七寶，持用布施。若有善男子、善女人發菩薩心者，持於此經，乃至四句偈等受持讀誦，為人演說，其福勝彼。云何為人演說？不取於相，如如不動[3]。何以故？"

---

① 此处按原文"如信解"前还有"如知，如见"。其他译本也都省略原文中此处重复强调的"应知，应见，应信解"。

② 此处"如"似应为"如是"。

③ 此处"不取于相，如如不动"，应该是意译，按原文是"如同他不解说，因此称为解说。"此处笈译"如不广说，彼故说名广說"。而留译和谛译添加的"如如不动，恒有正法"可能是受什译影响。

菩译："須菩提！若有菩薩摩訶薩以滿無量阿僧衹世界七寶，持用布施。若有善男子、善女人發菩薩心者，於此般若波羅蜜經，乃至四句偈等受持讀誦，為他人說，其福勝彼無量阿僧衹。云何為人演說而不名說，是名為說？"爾时，世尊而說偈言：

留译："須菩提！若有菩薩摩訶薩以滿無數無量世界七寶，持用布施。若有善男子、善女人從此般若波羅蜜經乃至四句偈等受持讀誦，教他修行，為他廣說，是善男子、善女人以是因緣所生福德最多於彼無量無數。云何顯說此經？如無所顯說，故言顯說。如如不動，恒有正說。"

谛译："須菩提！若有菩薩摩訶薩以滿無數無量世界七寶，持用布施。若有善男子、善女人從此般若波羅蜜經乃至四句偈等受持讀誦，教他修行，為他廣說，是善男子、善女人以是因緣所生福德最多於彼無量無數。云何顯說此經？如無所顯說，故言顯說。如如不動，恒有正說。"

笈译："若復時，善實！菩薩摩訶薩無量無數世界七寶滿中作已，如來等、應等、正遍知等施與。若善家子若，善家女若，如是智慧彼岸到，乃至四句等偈受持，分別，讀誦，為他等及分別廣說，此如是彼緣多過福聚生，無量、不可數。云何及廣說？如不廣說，彼故說名廣說。"

奘译："復次，善現！若菩薩摩訶薩以無量無數世界盛滿七寶，奉施如來、應、正等覺。若善男子或善女人於此般若波羅蜜多經中乃至四句伽他受持讀誦，究竟通利，如理作意，及廣為他宣說開示，由此因緣所生福聚甚多於前無量無數。云何為他宣說開示？如不為他宣說開示，故名為他宣說開示。"爾時，世尊而說頌曰：

义译："妙生！若有人以滿無量無數世界七寶持用布施。若復有人能於此經乃至受持讀誦四句伽他，令其通利，廣為他人正說其義，以是因緣所生福聚極多於彼無量無數。云何正說？無法可說，是名正說。"爾時，世尊說伽他曰：

तारका तिमिरं दीपो मायावश्याय बुद्बुदम्।
सुपिनं च विद्युदभ्रं च एवं द्रष्टव्यं संस्कृतम्॥

今译：星星翳障和灯光，幻影露珠和泡沫，
睡梦闪电和浮云，应该这样看有为[①]。

什译：一切有為法，如夢幻泡影，
如露亦如電，應作如是觀。

菩译：一切有為法，如星翳燈幻，
露泡夢電雲，應作如是觀。

留译：應觀有為法，如闇翳燈幻，
露泡夢電雲。

谛译：應觀有為法，如暗翳燈幻，
露泡夢電雲。

笈译：星翳燈幻，露泡夢電，
雲見如是，此有為者。

奘译：諸和合所為，如星翳燈幻，
露泡夢電雲，應作如是觀。

义译：一切有為法，如星翳燈幻，
露泡夢電雲，應作如是觀。

इदमवोचद्भगवान्। आत्तमनाः स्थविरसुभूतिस्ते च भिक्षुभिक्षुण्युपासकोपासिकास्ते च बोधिसत्त्वाः सदेवमानुषासुरगन्धर्वश्च लोको भगवतो भाषितमभ्यनन्दन्निति॥३२॥

---

① “有为”（saṃskṛta）这个词的本义是装饰、修饰、装备或构建。在佛经中，特指“和合”和“造作”，也就是因缘和合的造作，与缘起法相通。

今译：世尊这样说完。喜悦的长老须菩提，那些比丘、比丘尼、优婆塞和优婆夷①，整个世界的天神、凡人、阿修罗和健达缚，都对世尊所说表示欢迎。

什译：佛說是經已，長老須菩提及諸比丘、比丘尼、優婆塞、優婆夷，一切世間天、人、阿修羅，聞佛所說，皆大歡喜，信受奉行。

菩译：佛說是經已，長老須菩提及諸比丘、比丘尼、優婆塞、優婆夷、菩薩摩訶薩，一切世間天、人、阿修羅、乾闥婆等，聞佛所說，皆大歡喜，信受奉行。

留译：爾時，世尊說是經已，大德須菩提心進歡喜，及諸比丘、比丘尼、優婆塞、優婆夷眾，人、天、阿修羅等，一切世間踊躍歡喜，信受奉行。

谛译：爾時，世尊說是經已，大德須菩提心進歡喜，及諸比丘、比丘尼、優婆塞、優婆夷眾，人、天、阿修羅等，一切世間踊躍歡喜，信受奉行。

笈译：此語世尊，歡喜上座善實，彼及比丘、比丘尼、優婆塞、優婆夷，彼天、人、阿修羅、乾闥婆等，聞世尊說，大歡喜。

奘译：時，薄伽梵說是經已，尊者善現及諸苾芻、苾芻尼、鄔波索迦、鄔波斯迦②，并諸世間天、人、阿素洛、健達縛等，聞薄伽梵所說經已，皆大歡喜，信受奉行。

义译：爾時，薄伽梵說是經已，具壽妙生及諸菩薩摩訶薩、苾芻、苾芻尼、鄔波索迦、鄔波斯迦，一切世間天、人、阿蘇羅等，皆大歡喜，信受奉行。

---

① “比丘”（bhikṣu）和“比丘尼”（bhikṣuṇī）是出家的男女僧人。“优婆塞”（upāsaka）和“优婆夷”（upāsikā）是在家的男女信众。

② “苾芻、苾芻尼、鄔波索迦、鄔波斯迦”是“比丘、比丘尼、优婆塞、优婆夷”的另一种音译。

॥ आर्यवज्रच्छेदिका भगवती प्रज्ञापारमिता समाप्ता ॥

今译：光辉崇高的《金刚能断般若波罗蜜多经》终

什译：《金剛般若波羅蜜經》

菩译：《金剛般若波羅蜜經》

留译：《金剛般若波羅蜜經》

谛译：《金剛般若波羅蜜經》

笈译：《金剛能斷般若波羅蜜經》

奘译：《能斷金剛般若波羅蜜多經》

义译：《佛說能斷金剛般若波羅蜜多經》